COLLECTION
FOLIO/ESSAIS

Nathalie Sarraute

# L'ère
# du soupçon

ESSAIS
SUR LE ROMAN

Gallimard

# PRÉFACE

L'intérêt que suscitent depuis quelque temps les discussions sur le roman, et notamment les idées exprimées par les tenants de ce qu'on nomme le « Nouveau Roman », porte bien des gens à s'imaginer que ces romanciers sont de froids expérimentateurs qui ont commencé par élaborer des théories, puis qui ont voulu les mettre en pratique dans leurs livres. C'est ainsi qu'on a pu dire que ces romans étaient des « expériences de laboratoire ».

Et dès lors on pourrait croire que, m'étant formé certaines opinions sur le roman actuel, sur son évolution, son contenu et sa forme, je me suis, un beau jour, efforcée de les appliquer, en écrivant mon premier livre, Tropismes, et les livres qui l'ont suivi.

Rien n'est plus erroné qu'une telle opinion.

Les articles réunis dans ce volume, publiés à partir de 1947, ont suivi de loin la parution de Tropismes. J'ai commencé à écrire Tropismes en 1932. Les textes qui composaient ce premier ouvrage étaient l'expression spontanée d'impressions très vives, et leur forme était aussi spontanée et naturelle que les impressions auxquelles elle donnait vie.

Je me suis aperçue en travaillant que ces impressions étaient produites par certains mouvements, certaines actions intérieures sur lesquelles mon attention s'était fixée depuis longtemps. En fait, me semble-t-il, depuis mon enfance.

Ce sont des mouvements indéfinissables, qui glissent très rapidement aux limites de notre conscience ; ils sont à l'origine de nos gestes, de nos paroles, des sentiments que nous manifestons, que nous croyons éprouver et qu'il est possible de définir. Ils me paraissaient et me paraissent encore constituer la source secrète de notre existence.

Comme, tandis que nous accomplissons ces mouvements, aucun mot — pas même les mots du monologue intérieur — ne les exprime, car ils se développent en nous et s'évanouissent avec une rapidité extrême, sans que nous percevions clairement ce qu'ils sont, produisant en nous des sensations souvent très intenses, mais brèves, il n'était possible de les communiquer au lecteur que par des images qui en donnent des équivalents et lui fassent éprouver des sensations analogues. Il fallait aussi décomposer ces mouvements *et les faire se déployer dans la conscience du lecteur à la manière d'un film au ralenti. Le temps n'était plus celui de la vie réelle, mais celui d'un présent démesurément agrandi.*

*Leur déploiement constitue de véritables drames qui se dissimulent derrière les conversations les plus banales, les gestes les plus quotidiens. Ils débouchent à tout moment sur ces apparences qui à la fois les masquent et les révèlent.*

*Les drames constitués par ces actions encore inconnues m'intéressaient en eux-mêmes. Rien ne pouvait en distraire mon attention. Rien ne devait en distraire celle du lecteur : ni caractères des personnages, ni intrigue romanesque à la faveur de laquelle, d'ordinaire, ces caractères se développent, ni sentiments connus et nommés. A ces mouvements qui existent chez tout le monde et peuvent à tout moment se déployer chez n'importe qui, des personnages anonymes, à peine visibles, devaient servir de simple support.*

*Mon premier livre contenait en germe tout ce que, dans mes ouvrages suivants, je n'ai cessé de développer. Les tropismes ont continué à être la substance vivante de tous mes livres. Seulement ils se sont déployés davantage : l'action dramatique qu'ils constituent s'est allongée, et aussi s'est compliqué ce jeu constant entre eux et ces apparences, ces lieux communs sur lesquels ils débouchent au-dehors : nos conversations, le caractère*

*que nous paraissons avoir, ces personnages que nous
sommes les uns aux yeux des autres, les sentiments
convenus que nous croyons éprouver et ceux que nous
décelons chez autrui, et cette action dramatique superfi-
cielle, constituée par l'intrigue, qui n'est qu'une grille
conventionnelle que nous appliquons sur la vie.*

*Mes premiers livres :* Tropismes, *paru en 1939,*
Portrait d'un inconnu, *paru en 1948, n'ont éveillé à
peu près aucun intérêt. Ils semblaient aller à contre-
courant.*

*J'ai été amenée ainsi à réfléchir — ne serait-ce que
pour me justifier ou me rassurer ou m'encourager —
aux raisons qui m'ont poussée à certains refus, qui
m'ont imposé certaines techniques, à examiner certaines
œuvres du passé, du présent, à pressentir celles de
l'avenir, pour découvrir à travers elles un mouvement
irréversible de la littérature et voir si mes tentatives
s'inscrivaient dans ce mouvement.*

*C'est ainsi que j'ai été conduite, en 1947, un an
après avoir terminé* Portrait d'un inconnu, *à étudier
sous un certain jour l'œuvre de Dostoïevski et de
Kafka. On opposait une littérature métaphysique, celle
de Kafka, à une littérature qu'on qualifiait avec
dédain de « psychologique ». C'est pour réagir contre
cette discrimination simpliste que j'ai écrit mon premier
essai :* De Dostoïevski à Kafka.

*On commence maintenant à comprendre qu'il ne faut*

pas confondre sous la même étiquette la vieille analyse des sentiments, cette étape nécessaire, mais dépassée, avec la mise en mouvement de forces psychiques inconnues et toujours à découvrir dont aucun roman moderne ne peut se passer.

Quand j'écrivais le second essai : L'ère du soupçon, on n'entendait guère parler de romans « traditionnels » ou de « recherches ». Ces termes, employés à propos du roman, avaient un air prétentieux et suspect. Les critiques continuaient à juger les romans comme si rien n'avait bougé depuis Balzac. Feignaient-ils d'ignorer ou avaient-ils oublié tous les changements profonds qui s'étaient produits dans cet art dès le début du siècle ?

Depuis l'époque où j'ai écrit cet article, il n'est question que de recherches et de techniques. L'anonymat du personnage, qui était pour moi une nécessité que je m'efforçais de défendre, semble être aujourd'hui de règle pour tous les jeunes romanciers. Je pense que l'intérêt principal de cet article, paru en 1950, vient de ce qu'il a marqué le moment à partir duquel une nouvelle manière de concevoir le roman devait enfin s'imposer.

Lorsque a paru l'essai Conversation et sous-conversation, *Virginia Woolf était oubliée ou négligée, Proust et Joyce méconnus en tant que précurseurs ouvrant la voie au roman actuel. J'ai voulu montrer

*comment l'évolution du roman, depuis les bouleverse-*
*ments que ces auteurs lui avaient fait subir dans le*
*premier quart de ce siècle, rendait nécessaire une*
*révision du contenu et des formes du roman et*
*notamment du dialogue.*

*Aujourd'hui les romanciers traditionnels eux-*
*mêmes, qui paraissaient si bien se contenter des formes*
*les plus périmées du dialogue, commencent à avouer que*
*le dialogue leur « pose des problèmes ». On ne voit*
*guère de jeune romancier qui ne s'efforce de les*
*résoudre.*

*Le dernier essai, intitulé* Ce *que voient les*
*oiseaux, oppose un réalisme neuf et sincère à la*
*littérature néo-classique, comme à la littérature préten-*
*dument réaliste ou engagée qui ne montre plus que des*
*apparences et qui mérite, elle, d'être considérée comme*
*un formalisme.*

*Est-il besoin d'ajouter que la plupart des idées*
*exprimées dans ces articles constituent certaines bases*
*essentielles de ce qu'on nomme aujourd'hui le « Nou-*
*veau Roman ».*

Nathalie Sarraute.

*De Dostoïevski à Kafka*

Le roman, entend-on couramment répéter, se sépare actuellement en deux genres bien distincts : le roman psychologique et le roman de situation. D'un côté, ceux de Dostoïevski, de l'autre, ceux de Kafka. A en croire M. Roger Grenier [1], le fait divers lui-même, illustrant le paradoxe fameux d'Oscar Wilde, se répartit entre ces deux genres. Mais, dans la vie comme dans la littérature, ceux de Dostoïevski, paraît-il, se font rares. « Le génie de notre époque, constate M. Grenier, souffle en faveur de Kafka... Même en U.R.S.S., on ne voit plus comparaître en Cour d'Assises de personnages dostoïevskiens. » C'est à « l'*homo absurdus*, habitant sans vie d'un siècle dont le prophète est Kakfa » qu'on a, dit-il, aujourd'hui affaire.

1. ROGER GRENIER, *Utilité du fait divers*, T. M. n° 17, p. 95.

Cette crise de ce qu'on nomme avec une certaine ironie, en le plaçant entre guillemets comme entre des pincettes, « le psychologique », née, semble-t-il, de la condition de l'homme moderne, écrasé par une civilisation mécanique, « réduit, selon le mot de M$^{me}$ Cl. Edm. Magny, au triple déterminisme de la faim, de la sexualité, de la classe sociale : Freud, Marx et Pavlov », semble avoir marqué cependant, pour les écrivains comme pour les lecteurs, une ère de sécurité et d'espoir.

Le temps était bien passé où Proust avait pu oser croire qu' « en poussant son impression aussi loin que le permettrait son pouvoir de pénétration » (il pourrait) « essayer d'aller jusqu'à ce fond extrême où gît la vérité, l'univers réel, notre impression authentique ». Chacun savait bien maintenant, instruit par des déceptions successives, qu'il n'y avait pas d'extrême fond. « Notre impression authentique » s'était révélée comme étant à fonds multiples ; et ces fonds s'étageaient à l'infini.

Celui que l'analyse de Proust avait dévoilé n'était déjà plus qu'une surface. Une surface, à son tour, cet autre fond que le monologue intérieur, sur lequel on avait pu baser de si légitimes espoirs, avait réussi à mettre au jour.

Et le bond immense accompli par la psychanalyse, brûlant les étapes et traversant d'un seul
coup plusieurs fonds, avait démontré l'ineffica-
cité de l'introspection classique et fait douter
de la valeur absolue de tout procédé de
recherche.

L'*homo absurdus* fut donc la colombe de
l'arche, le messager de la délivrance.

On pouvait enfin sans remords abandonner
les tentatives stériles, les pataugeages épui-
sants et les énervants coupages de cheveux en
quatre ; l'homme moderne, corps sans âme
ballotté par des forces hostiles, n'était rien
d'autre en définitive que ce qu'il apparaissait
au-dehors. La torpeur inexpressive, l'immobilité qu'un regard superficiel pouvait observer
sur son visage, quand il s'abandonnait à lui-
même, ne cachait pas de mouvements intérieurs. Ce « tumulte au silence pareil », que les
amateurs du psychologique avaient cru percevoir dans son âme, n'était, après tout, que
silence.

Sa conscience n'était faite que d'une trame
légère « d'opinions convenues, reçues telles
quelles du groupe auquel il appartient », et ces
clichés eux-mêmes recouvraient « un néant
profond », une quasi totale « absence de soi-

même ». Le « for intérieur », « l'ineffable intimité avec soi » n'avait été qu'un miroir à
alouettes. « Le psychologique », source de tant
de déceptions et de peines, n'existait pas.

Cette constatation apaisante apportait avec
elle ce sentiment délicieux de vigueur renouve-
lée et d'optimisme qu'amènent d'ordinaire les
liquidations et les renoncements.

On pouvait regrouper ses forces et, oubliant
les déboires passés, repartir « sur de nouvelles
bases ». Des voies plus accessibles et plus
riantes semblaient s'ouvrir de toutes parts. Le
cinéma, art plein de promesses, allait faire
profiter de ses techniques toutes neuves le
roman auquel tant d'efforts infructueux
avaient fait retrouver une juvénile et touchante
modestie. La saine simplicité du jeune roman
américain, sa vigueur un peu rude redonne-
raient, par l'effet d'une contagion bienfaisante,
un peu de vitalité et de sève à notre roman,
débilité par l'abus de l'analyse et menacé de
dessèchement sénile. L'objet littéraire pourrait
retrouver les contours pleins, l'aspect fini, lisse
et dur, des belles œuvres classiques. L'élément
« poétique » et purement descriptif où le
romancier ne voyait trop souvent qu'un vain
ornement, qu'il ne laissait passer qu'avec par-

cimonie, après un minutieux filtrage, perdrait
son rôle humiliant d'auxiliaire, exclusivement
soumis aux exigences du psychologique, et
s'épanouirait un peu partout, sans contrainte.
Du même coup, le style, pour la plus grande
satisfaction de ces « gens de goût » qui inspi-
raient à Proust tant d'appréhension craintive,
retrouverait ce galbe pur, cette élégante
sobriété, si difficilement compatibles avec les
contorsions, les piétinements, les subtilités
alambiquées ou les lourdeurs embourbées du
psychologique.

Et, tout près de nous, Kafka, dont le mes-
sage se combinait de si heureuse façon avec
celui des Américains, montrait quelles régions
encore inexplorées pourraient s'ouvrir à l'écrivain, débarrassé enfin de cette triste myopie
qui le forçait à examiner de tout près chaque
objet et l'empêchait de voir plus loin que le
bout de son nez.

Enfin ceux que retenaient encore, malgré
toutes ces assurances et ces promesses, certains
scrupules, et qui continuaient à tendre une
oreille inquiète pour bien s'assurer que derrière
l'épaisseur du silence ne subsistait pas quelque
écho de l'ancien tumulte, pouvaient être pleinement rassurés.

Cette parcelle de l'univers que le roman nouveau se bornait prudemment à circonscrire, à la différence de la matière informe et molle qui cède et se défait sous les coups de scalpel de l'analyse, formait un tout compact et dur, absolument indécomposable. Sa dureté même et son opacité préservaient sa complexité et sa densité intérieures et lui donnaient une force de pénétration qui lui permettait d'atteindre non les régions superficielles et arides de l'intellect du lecteur, mais ces régions infiniment fécondes, « distraites et sans défense de l'âme sensitive ». Elle y provoquait un choc mystérieux et salutaire, une sorte de commotion émotive qui permettait d'appréhender d'un seul coup et comme dans un éclair l'objet tout entier avec toutes ses nuances, ses complexités possibles et même — si, par hasard, il s'en trouvait — ses abîmes. Il n'y avait donc rien à perdre et, semblait-il, tout à gagner.

Quand parut *l'Étranger* d'Albert Camus, on put croire à bon droit qu'il comblerait tous les espoirs : comme toute œuvre de réelle valeur, il tombait à point nommé ; il répondait à notre attente ; il cristallisait les velléités en suspens. Nous n'avions désormais plus rien à envier à personne. Nous avions, nous aussi, notre *homo absurdus*. Et il avait sur les héros de Dos Passos ou de Steinbeck eux-mêmes cet incontestable avantage d'être dépeint non, comme eux, à distance et du dehors, mais du dedans, par le procédé classique de l'introspection cher aux amateurs du psychologique : c'était de tout près, et, pour ainsi dire, installés aux premières loges, que nous pouvions constater son néant intérieur. « Cet Étranger est, en effet, comme l'écrivait Maurice Blanchot[1], par rapport à lui-même comme si un autre le voyait et parlait de lui... Il est tout à fait en dehors. Il est d'autant plus soi qu'il semble moins penser, moins sentir, être d'autant moins intime avec soi. L'image même de la réalité humaine lorsqu'on la dépouille de toutes les conventions psychologiques, lorsqu'on prétend la saisir par une description faite uniquement du dehors, privée de toutes les fausses explications subjectives... » Et M^me Cl. Edm. Magny[2] : « Camus veut nous faire apparaître le néant intérieur de son héros, et, à travers lui, notre propre néant... Meursault est l'homme dépouillé de tous les vêtements de confection dont la société

1. MAURICE BLANCHOT, *Faux Pas*, p. 257 et 259.
2. CL. EDM. MAGNY, *Roman américain et Cinéma*, *Poésie 45*, n° 24, p. 69.

habille le vide normal de son être, sa conscience... Les sentiments, les réactions psychologiques qu'il cherche à atteindre en lui (tris-
tesse durant la mort de sa mère, amour pour
Maria, regret du meurtre de l'Arabe), il ne les
y trouve pas : il ne trouve que la vision
absolument semblable à celle que peuvent
avoir les autres de ses propres comporte-
ments. »

Et, en effet, au cours de cette scène de
l'enterrement de sa mère, s'il lui arrive de
trouver en lui-même quelques-uns de ces sentiments qu'était parvenue à découvrir, non sans
un certain émoi craintif, la classique analyse,
quelques-unes de ces pensées fugitives,
« ombreuses et timides », qu'elle avait décelées
(parmi tant d'autres) « glissant avec la rapidité
furtive des poissons » — tel le plaisir que lui
procure une belle matinée passée à la cam-
pagne, le regret de la promenade que cet
enterrement lui fait manquer ou le souvenir de
ce qu'habituellement il faisait à cette heure
matinale, — par contre, tout ce qui a trait, de
près ou de loin, à sa mère, et non seulement le
banal chagrin (il aurait pu, sans trop nous
surprendre, éprouver, comme une des héroïnes
de Virginia Woolf, un sentiment de délivrance

et de satisfaction), mais tout sentiment ou pensée quelconque semble avoir été, comme par un coup de baguette magique, radicalement supprimé. Dans cette conscience si bien nettoyée et parée, pas la moindre bribe de souvenir se rattachant à des impressions d'enfance, pas l'ombre la plus légère de ces sentiments de confection que sentent glisser en eux ceux mêmes qui se croient le mieux gardés contre les émotions conventionnelles et les réminiscences littéraires.

On songerait presque, tant semble profond cet état d'anesthésie, à ces malades de Janet qui souffrent de ce qu'il a nommé « les sentiments du vide » et qui vont répétant : « Tous mes sentiments ont disparu... Ma tête est vide... Mon cœur est vide... Les personnes comme les choses, tout m'est indifférent... Je peux faire tous les actes, mais en les faisant je n'ai plus ni joie ni peine... Rien ne me tente, rien ne me dégoûte... Je suis une statue vivante, qu'il m'arrive n'importe quoi, il m'est impossible d'avoir pour rien une sensation ou un sentiment... »

Rien de commun, pourtant, malgré ces similitudes de langage, entre le héros d'Albert Camus et les malades de Janet. Ce Meursault qui se montre, sur certains points, si insensible, si fruste et comme un peu hébété, révèle par ailleurs un raffinement du goût, une délicatesse exquise. Le style même dans lequel il s'exprime fait de lui, bien plutôt que l'émule du héros mugissant de Steinbeck, l'héritier de la Princesse de Clèves et d'Adolphe. Il est, comme dirait l'abbé Bremond, « tout semé de roses d'hiver ». Cet Étranger a l'acuité vigoureuse du trait, la richesse de palette d'un grand peintre : « Elle a incliné sans un sourire son visage osseux et long »... « J'étais un peu perdu entre le ciel bleu et blanc et la monotonie de ces couleurs, noir gluant du goudron ouvert, noir terne des habits, noir laqué de la voiture »... Il note avec la tendresse d'un poète les jeux délicats de lumière et d'ombre et les nuances changeantes du ciel. Il se souvient du « soleil débordant qui faisait tressaillir le paysage » et « d'une odeur de nuit et de fleurs ». Il entend une « plainte... montée lentement, comme une fleur née du silence ». Un goût sans défaillance guide le choix de ses épithètes. Il nous parle d' « un cap *somnolent* », d' « un souffle *obscur* ».

Mais il y a plus troublant encore. Si l'on en juge par les détails qui retiennent son attention — tel l'épisode de la maniaque ou celui,

surtout, du vieux Salamano qui hait et marty-
rise son chien et l'aime en même temps d'une
profonde et émouvante tendresse — il ne
déteste pas, avec prudence, certes, et retenue,
côtoyer aussi les abîmes. Malgré « l'ingénuité », « l'inconscience » avec laquelle il
révèle, comme dit Maurice Blanchot, que « le
vrai, le constant mode de l'homme, c'est un : je
ne pense pas, je n'ai rien à penser », il est
infiniment plus averti qu'on ne croit. Telle
remarque qu'il laisse échapper, comme :
« Tous les êtres sains (ont) plus ou moins
souhaité la mort de ceux qu'ils aimaient »,
montre bien qu'il lui est arrivé, et plus souvent
sans doute qu'à quiconque, de pousser vers des
zones interdites et dangereuses quelques
pointes assez avancées.

De ces contradictions si apparentes proviennent
probablement le sentiment de malaise dont on
ne peut se défaire tout au long de ce livre. A la
fin seulement, quand, incapable de se contenir
davantage, le héros d'Albert Camus sent que
« quelque chose... a crevé en (lui) » et
« déverse... tout le fond de (son) cœur », nous
nous sentons, avec lui, délivrés : « ... J'avais
l'air d'avoir les mains vides. Mais j'étais sûr de
moi, sûr de tout... sûr de ma vie et de cette

mort qui allait venir... J'avais eu raison, j'avais
encore raison, j'avais toujours raison... Que
m'importaient la mort des autres, l'amour
d'une mère, que m'importaient... les vies qu'on
choisit, les destins qu'on élit, puisqu'un seul
destin devait m'élire moi-même et avec moi des
milliards de privilégiés... Tout le monde était
privilégié... Il n'y avait que des privilégiés...
Les autres aussi on les condamnerait un jour. »

Enfin ! Nous y voilà donc. Ce dont nous nous
étions timidement doutés se trouve d'un seul
coup confirmé. Ce jeune employé, si simple et
si rude, dans lequel on nous invitait à reconnaître l'homme nouveau que nous attendions, s'en
trouvait, en réalité, aux antipodes. Son attitude, qui avait pu rappeler, par moments, le
négativisme têtu d'un enfant boudeur, était un
parti pris résolu et hautain, un refus désespéré
et lucide, un exemple et peut-être une leçon. La
frénésie volontaire, propre aux véritables intel-
lectuels, avec laquelle il cultive la sensation
pure, son égoïsme très conscient, fruit de
quelque tragique expérience dont il a rapporté,
grâce à cette sensibilité exceptionnelle qui est
la sienne, un sentiment aigu et constant du
néant (ne nous avait-il pas laissé entendre
qu'autrefois, « quand (il était) étudiant, (il

avait) beaucoup d'ambition... » mais que,
« quand (il a) dû abandonner (ses) études, (il
a) très vite compris que tout cela était sans
importance réelle »), rapprochent l'Étranger
de l'Immoraliste de Gide.

Ainsi, par la vertu de l'analyse, de ces
explications psychologiques qu'Albert Camus
avait pris, jusqu'au dernier moment, tant de
soin d'éviter, les contradictions et les invrai-
semblances de son livre s'expliquent et l'émotion à laquelle nous nous abandonnons enfin
sans réserve se trouve justifiée.

La situation où s'est trouvé Albert Camus
nous rappelle assez celle du roi Lear recueilli
par la moins avantagée de ses filles. C'est à ce
« psychologique », qu'il avait, par un minutieux sarclage, cherché à extirper et qui a
repoussé de toutes parts comme l'ivraie, qu'il
doit finalement son salut.

Mais, si apaisés que nous soyons en refer-
mant son livre, nous ne pouvons nous empêcher de conserver contre l'auteur un certain
ressentiment : nous lui en voulons de nous
avoir trop longtemps égarés. La façon dont il se
comporte à l'égard de son héros nous fait un
peu trop penser à ces mères qui s'obstinent à
vêtir leurs filles robustes et déjà adultes de

jupes trop courtes. Dans cette lutte inégale, le psychologique, comme la nature, a repris le dessus.

Mais peut-être Albert Camus a-t-il cherché, au contraire, à nous démontrer par une gageure l'impossibilité, sous nos climats, de se passer de psychologie. Si tel était son propos, il a pleinement réussi.

Mais alors, dira-t-on, et Kafka? Qui pourrait soutenir que son *homo absurdus*, à lui aussi, n'a été qu'un mirage? Aucune attitude volontaire chez lui, aucun souci didactique, aucun parti pris. Il n'a pas besoin de se livrer à d'impossibles travaux de sarclage : sur les terres dénudées où il nous entraîne, pas le moindre brin d'herbe ne peut pousser.

Pourtant rien n'est plus arbitraire que de l'opposer, ainsi qu'on le fait souvent aujourd'hui, à celui qui a été sinon son maître, du moins son précurseur, comme il a été — qu'ils le sachent ou non — le précurseur de presque tous les écrivains européens de notre temps.

Sur ces terres immenses dont Dostoïevski a ouvert l'accès, Kafka a tracé une voie, une seule voie étroite et longue, il a poussé dans une seule direction et il est allé jusqu'au bout. Pour nous en assurer, il nous faut, surmontant

nos répugnances, revenir un instant en arrière
et plonger au plus épais du tumulte. Dans la
cellule du vénérable père Zossime, en présence
d'une nombreuse assistance, le vieux Karamazov entre en scène et se présente : « Vous voyez
devant vous un bouffon, un bouffon, en vérité !
C'est ainsi que je me recommande... une vieille
habitude, hélas ! » et il se contorsionne, il
grimace, une sorte de danse de Saint-Guy
disloque tous ses mouvements, il s'exhibe dans
des poses grotesques, il décrit avec une féroce
et âcre lucidité comment il s'est mis dans des
situations humiliantes, il emploie, en parlant,
ces diminutifs à la fois humbles et agressifs, ces
petits mots sucrés et corrosifs, chers à tant de
personnages de Dostoïevski, il ment effronté-
ment et, pris en flagrant délit, il retombe
aussitôt sur ses pieds... on ne peut jamais le
prendre au dépourvu, il se connaît : « je le
savais, figurez-vous, et même, savez-vous, je
l'ai pressenti aussitôt que je me suis mis à
parler et même j'ai pressenti (car il a
d'étranges divinations) que c'est vous le premier qui me le feriez remarquer », il s'abaisse
encore davantage comme s'il savait qu'ainsi il
abaisse les autres avec lui, les avilit, il ricane, il
se confesse : « c'est tout de suite, juste à

l'instant, tout en racontant, que j'ai tout
inventé... c'était pour faire plus piquant », car,
pareil à un malade sans cesse occupé à guetter
en lui-même les symptômes de son mal, le
regard tourné vers lui-même, il se scrute, il
s'épie : c'est pour les amadouer, pour se les
concilier, c'est pour les désarmer qu'il se
démène ainsi, « c'est pour être plus aimable
que je grimace, et d'ailleurs, parfois, je ne sais
pas moi-même pourquoi ». Il fait penser, tandis qu'il tourne sur lui-même, à ces clowns qui,
tout en pirouettant, dépouillent l'un après
l'autre tous leurs vêtements : « d'ailleurs, je ne
dis pas, il y a peut-être aussi un malin esprit en
moi » et de nouveau il rampe : « du reste de
petit format, s'il était plus important, il aurait
élu un autre logis », et aussitôt il se redresse et
mord : « pas le vôtre, vous aussi vous êtes un
piètre logis. » Le Staretz essaie de poser sur lui
une main apaisante... « Je vous prie instam-
ment de ne pas vous inquiéter, de ne pas vous
gêner... soyez tout à fait comme chez vous... Et
surtout (car il scrute, lui aussi, sans une ombre
d'indignation ou de dégoût, la matière trouble
qui bouillonne et déborde) et surtout, n'ayez
pas si honte de vous-même car c'est de là
seulement que tout provient. — Tout à fait

comme chez moi, vraiment? c'est-à-dire au
naturel? Oh, c'est trop, c'est beaucoup trop, je
n'irai pas moi-même jusque-là », il lance une
plaisanterie obscène de collégien et aussitôt
redevient sérieux : le Staretz l'a bien compris,
c'est pour se conformer à l'idée qu'ils se font de
lui, pour renchérir encore sur eux qu'il se
contorsionne, « parce qu'il me semble, quand
je vais vers les gens... que tout le monde me
prend pour un bouffon. Alors je me dis : faisons
le bouffon... car tous, jusqu'au dernier, vous
êtes plus vils que moi, voilà pourquoi je suis un
bouffon... c'est par honte, éminent Père ; par
honte... » L'instant d'après il s'agenouille et
« il est difficile, même alors, de savoir s'il
plaisante ou s'il est ému : « Maître, que faire
pour gagner la vie éternelle? » Le Staretz se
rapproche un peu plus : « Surtout ne vous
mentez pas à vous-même... celui qui se ment à
soi-même... est le premier à s'offenser... il sait
que personne ne l'a offensé... et pourtant il
s'offense jusqu'à en éprouver de la satisfaction,
une grande jouissance... » En connaisseur
averti, le vieux Karamazov apprécie : « Justement, justement, je me suis senti offensé toute
ma vie jusqu'à la jouissance, pour l'esthétique,
parce que ce n'est pas seulement agréable,

mais c'est beau, parfois, d'être offensé... vous
avez oublié cela, vénérable père : c'est
beau ! »... Il bondit, il pirouette une fois de plus
sur lui-même et rejette un nouveau costume
d'arlequin : « Vous croyez que je mens toujours ainsi et que je fais le bouffon ? Sachez que
c'est exprès, pour vous éprouver, que j'ai joué
cette comédie. Je vous tâtais... y a-t-il une
place pour mon humilité, auprès de votre
orgueil ?... »

Comment, tandis que nous émergeons de ce
tourbillon, ne pas admirer le crédit que les
partisans de la méthode qui consiste à se
contenter prudemment de contourner l'objet
du dehors, doivent accorder au lecteur (lui
concédant ainsi ce que, par une curieuse
contradiction, ils refusent à leurs personnages)
pour imaginer qu'il peut lui être possible de
percevoir, par une sorte d'intuition magique,
même après la lecture d'un long roman, ne
serait-ce qu'une partie de ce que les six pages
que nous venons de très grossièrement résu-
mer, lui ont révélé.

Toutes ces contorsions bizarres — et l'on
s'en voudrait de le faire remarquer, s'il ne se
trouvait encore aujourd'hui des gens qui,
comme M. Léautaud, se permettent de parler

sérieusement de « l'aliéné Dostoïevski » —
tous ces bonds désordonnés et ces grimaces,
avec une précision rigoureuse, sans complai-
sance ni coquetterie, traduisent au-dehors,
telle l'aiguille du galvanomètre qui retrace en
les amplifiant les plus infimes variations d'un
courant, ces mouvements subtils, à peine perceptibles, fugitifs, contradictoires, évanescents, de faibles tremblements, des ébauches
d'appels timides et de reculs, des ombres
légères qui glissent, et dont le jeu incessant
constitue la trame invisible de tous les rapports humains et la substance même de notre
vie.

Sans doute, les procédés employés par
Dostoïevski pour traduire ces mouvements
sous-jacents, étaient-ils des procédés de pri-
mitif. S'il avait vécu à notre époque, sans
doute les instruments plus délicats d'investigation dont disposent les techniques
modernes lui eussent-ils permis d'appréhender ces mouvements à leur naissance et d'éviter toutes ces invraisemblables gesticulations.
Mais, à se servir de nos techniques, peut-être
eût-il plus perdu que gagné. Elles l'eussent
incliné à plus de réalisme et à une plus
étroite minutie, mais il eût perdu l'originalité

et la hardiesse ingénue du trait et abandonné un peu de son pouvoir poétique d'évocation et de sa puissance tragique.

Et, disons-le tout de suite, ce que révèlent ces soubresauts, ces virevoltes et ces pirouettes, ces divinations et ces confessions, n'a absolument rien à voir avec ce décevant et abstrait exposé de motifs auquel on reproche aujourd'hui d'aboutir à nos procédés d'analyse. Ces mouvements sous-jacents, ce tourbillonnement incessant, semblable au mouvement des atomes, que toutes ces grimaces mettent au jour, ne sont eux-mêmes rien d'autre que de l'action et ne diffèrent que par leur délicatesse, leur complexité, leur nature — pour employer un mot cher à Dostoïevski — « souterraine », des grosses actions de premier plan que nous montre un roman de Dos Passos ou un film.

Ces mouvements, on les retrouve, à des degrés d'intensité divers, avec des variantes infinies, chez tous les personnages de Dostoïevski : chez le héros des *Mémoires écrits dans un souterrain,* chez Hippolyte ou Lebedieff, chez Grouchenka ou Rogojine, et surtout, plus précis, plus compliqués, plus délicats et plus amples qu'ailleurs, chez l'Éternel mari. Ce

sont, chez lui, on s'en souvient, les mêmes
bonds furtifs, les mêmes passes savantes, les
mêmes feintes, les mêmes fausses ruptures, les
mêmes tentatives de rapprochement, les
mêmes extraordinaires pressentiments, les
mêmes provocations, le même jeu subtil, mystérieux, où la haine se mêle à la tendresse, la
révolte et la fureur à une docilité d'enfant,
l'abjection à la plus authentique fierté, la ruse
à l'ingénuité, l'extrême délicatesse à l'extrême
grossièreté, la familiarité à la déférence ; il
taquine, excite, attaque, il rampe et guette, il
fuit quand on le cherche, il s'installe quand on
le chasse, il essaie d'attendrir et aussitôt il
mord, il pleure et révèle son amour, il se
dévoue, se sacrifie, et se penche quelques
instants après, le rasoir à la main, pour tuer ; il
parle le même langage doucereux, un peu
moqueur et obséquieux, semé de diminutifs
rampants et agressifs, de mots prolongés servi-
lement par ces suffixes sifflants qui, dans la
langue russe du temps, marquaient une sorte
de déférence âcre et sucrée, et, par moments, il
se redresse gravement de toute sa taille
d'homme, il domine, gratifie, pardonne généreusement, écrase.

On pourrait, tant ces attitudes se répètent à

travers mille situations diverses, dans toute
l'œuvre de Dostoïevski, lui reprocher presque
une certaine monotonie. On a l'impression, par
moments, de se trouver en présence d'une
véritable obsession, d'une idée fixe.

« Tous ses personnages, écrit Gide[1], sont
taillés dans la même étoffe. L'orgueil et l'humilité restent les secrets ressorts de leurs actes,
encore qu'en raison des dosages divers, les
réactions en soient diaprées. » Mais il semble
que l'humilité et l'orgueil ne sont, à leur tour,
que des modalités, des diaprures. Derrière eux,
il y a un autre ressort plus secret encore, un
mouvement dont l'orgueil et l'humilité ne sont
que des répercussions. C'est sans doute à ce
mouvement initial, qui donne l'impulsion à
tous les autres, à ce lieu où toutes les lignes de
force qui parcourent l'immense masse tumul-
tueuse convergent, que Dostoïevski faisait allu-
sion quand il parlait de ce « fond », « mon
éternel fond », d'où il tirait, disait-il, « la
matière de chacun de ses ouvrages, bien que la
forme en soit différente ». Ce lieu de rencontre,
ce « fond », il est assez difficile de le définir.
Peut-être pourrait-on en donner une idée en

1. ANDRÉ GIDE, *Dostoïevski*, p. 145.

disant qu'il n'est pas autre chose, en définitive, que ce que Katherine Mansfield nommait avec une sorte de crainte et peut-être un léger dégoût : « this terrible desire to establish contact ».

C'est ce besoin continuel et presque maniaque de contact, d'une impossible et apaisante étreinte, qui tire tous ces personnages comme un vertige, les incite à tout moment à essayer par n'importe quel moyen de se frayer un chemin jusqu'à autrui, de pénétrer en lui le plus loin possible, de lui faire perdre son inquiétante, son insupportable opacité, et les pousse à s'ouvrir à lui à leur tour, à lui révéler leurs plus secrets replis. Leurs dissimulations passagères, leurs bonds furtifs, leurs cachotteries, leurs contradictions, et ces inconséquences dans leur conduite, que parfois ils semblent multiplier à plaisir et faire miroiter aux yeux d'autrui, ne sont chez eux que des coquetteries, des agaceries pour piquer sa curiosité et l'obliger à se rapprocher. Leur humilité n'est qu'un appel timide, détourné, une manière de se montrer tout proche, accessible, désarmé, ouvert, offert, tout livré, tout abandonné à la compréhension, à la générosité d'autrui : toutes les barrières que dressent la dignité, la vanité, sont abattues, chacun peut s'approcher, entrer sans crainte, l'accès est libre. Et leurs brusques sursauts d'orgueil ne sont que des tentatives douloureuses, devant l'intolérable refus, la fin de non-recevoir opposée à leur appel, quand leur élan a été brisé, quand la voie qu'avait cherché à emprunter leur humilité se trouve barrée, pour faire rapidement machine arrière et parvenir, en empruntant une autre voie d'accès, par la haine, par le mépris, par la souffrance infligée, ou par quelque action d'éclat, quelque geste plein d'audace et de générosité, qui surprend et confond, à rétablir le contact, à reprendre possession d'autrui.

De cette impossibilité de se poser solidement à l'écart, à distance, de se tenir « sur son quant à soi », dans un état d'opposition ou même de simple indifférence, provient leur malléabilité étrange, cette singulière docilité avec laquelle, à chaque instant, comme pour amadouer les autres, pour se les concilier, ils se modèlent sur l'image d'eux-mêmes que les autres leur renvoient. De là aussi cette impulsion qui pousse à tout moment ceux qui se sentent avilis à s'avilir davantage encore et à forcer les autres à se vautrer avec eux dans le même avilissement.

Si, comme le remarque André Gide[1], « ils ne
savent pas, ils ne peuvent pas devenir jaloux »,
s'ils « ne connaissent de la jalousie que la
souffrance », c'est que la rivalité que suppose
la jalousie produit justement cet insupportable
antagonisme, cette rupture qu'ils veulent éviter
à tout prix ; aussi cette rivalité est-elle chez eux
à chaque instant détruite, submergée par une
curieuse tendresse, ou par ce sentiment très
particulier qu'on peut à peine appeler de la
haine, qui n'est chez eux qu'une manière de se
rapprocher de son rival, de l'atteindre, de
l'étreindre à travers l'objet aimé.

Cette fin de non-recevoir, « ce sage ne-pas-
comprendre » dont parlait Rilke et dont il
disait qu'il est « accepter d'être seul, (alors)
que lutte et mépris sont des façons de prendre
part aux choses », ce ne-pas-comprendre chez
eux ne se rencontre presque jamais. Imman-
quablement le contact s'établit. L'appel est
toujours entendu. La réponse vient à tout
coup, qu'elle soit élan de tendresse et de
pardon ou bien lutte et mépris.

Car, si pour certains privilégiés, comme
Aliocha, le père Zossime ou l'Idiot, les voies

1. *Id.*, p. 185.

qui conduisent à autrui sont les voies royales, larges et droites, de l'amour, d'autres, moins heureux, ne trouvent devant eux que des chemins boueux et tortueux, certains ne savent marcher qu'à reculons, en butant sur mille obstacles, mais tous vont au même but.

Chacun répond, chacun comprend. Chacun sait qu'il n'est qu'un assemblage fortuit, plus ou moins heureux, d'éléments provenant d'un même fond commun, que tous les autres recèlent en eux ses propres possibilités, ses propres velléités ; de là vient que chacun juge les actions des autres comme il juge les siennes propres, de tout près, du dedans, avec toutes leurs innombrables nuances et leurs contradictions qui empêchent les classifications, les étiquetages grossiers ; de là vient que personne ne peut jamais avoir de la conduite d'autrui cette vision panoramique qui seule permet la rancune ou le blâme ; de là cette curiosité inquiète avec laquelle chacun scrute sans cesse l'âme d'autrui ; de là ces surprenantes divinations, ces pressentiments, cette lucidité, ce don surnaturel de pénétration, qui ne sont pas seulement le privilège de ceux qu'éclaire l'amour chrétien, mais de tous ces personnages louches, de ces parasites au langage sucré et âcre, de ces larves qui fouillent sans cesse et remuent les bas-fonds de l'âme et flairent avec délices la boue nauséabonde.

Le crime même, l'assassinat qui est comme l'ultime aboutissement de tous ces mouvements, le fond du gouffre vers lequel à tout moment tous se penchent, pleins de crainte et d'attrait, n'est chez eux qu'une suprême étreinte et la seule définitive rupture. Mais même cette rupture suprême peut encore être réparée grâce à la confession publique par laquelle le criminel verse son crime dans le patrimoine commun.

En fait, dans toute l'œuvre de Dostoïevski, peut-être à une seule exception près, la rupture définitive, l'irréparable séparation ne se produit jamais. Si parfois l'un des deux partenaires se permet de faire un trop grand écart, ose le prendre de loin, de haut, comme fait Veltchaninov dans *l'Éternel mari*, quand, « les jeux » étant finis depuis longtemps, il est redevenu l'homme du monde satisfait qu'il avait été autrefois, avant que les jeux ne commencent, un bref rappel à l'ordre suffit (une main qui refuse de se tendre, trois mots : « Et Lise, alors ? ») pour qu'aussitôt le vernis

mondain craquèle et tombe et que le contact
soit rétabli.

Dans un seul de ses récits, — et c'est aussi le
seul vraiment désespéré — les *Mémoires écrits
dans un souterrain* qui se trouvent comme aux
confins, à l'extrême pointe de toute l'œuvre, on
se souvient comment, par l'impitoyable refus
qu'opposent à l'homme du souterrain ses
camarades, ces petits fonctionnaires bornés et
plats, ce jeune officier dont le nom a pour
racine le mot qui signifie « animal » ou
« bête », ce Zverkov à la « stupide tête de
bélier », aux manières élégantes, adroites et
assurées, pleines de politesse distante, qui
« l'examine en silence comme un insecte
curieux », tandis qu'il se démène devant eux,
lance vers eux vainement ses appels honteux,
grotesques, la rupture s'accomplit.

Ce besoin continuel d'établir un contact —
trait de caractère primordial du peuple russe
auquel l'œuvre de Dostoïevski tient si fortement par toutes ses racines — a contribué à
faire de la terre russe la terre d'élection, la
véritable terre noire du psychologique.

Quoi de plus propre, en effet, que ces
interrogations passionnées et ces réponses, que
ces approches, ces reculs feints, ces fuites et ces

poursuites, ces agaceries et ces frottements, ces
chocs, ces caresses, ces morsures, ces étreintes,
quoi de plus propre à chauffer, agiter, faire
affleurer et se répandre au-dehors l'immense
masse tremblotante dont le flux et le reflux
incessants, la vibration à peine perceptible est
la pulsation même de la vie?

Sous la pression du tumulte, l'enveloppe qui
le contient s'amincit et se déchire. Il se produit
comme un déplacement, du dehors vers le
dedans, du centre de gravité du personnage,
déplacement que le roman moderne n'a cessé
d'accentuer.

On a souvent noté l'impression irréelle — on
dirait qu'ils sont tous vus par transparence —
que nous font les héros de Dostoïevski, malgré
les descriptions minutieuses auxquelles, pour
satisfaire aux exigences de son époque, il se
croyait obligé.

C'est que ses personnages tendent déjà à
devenir ce que les personnages de roman
seront de plus en plus, non point tant des
« types » humains en chair et en os, comme
ceux que nous croyons apercevoir autour de
nous et dont le dénombrement infini semblait
être le but essentiel du romancier, que de
simples supports, des porteurs d'états parfois

encore inexplorés que nous retrouvons en nous-mêmes.

Il se pourrait que le snobisme mondain de Proust, qui se répercute, avec un caractère d'obsession presque maniaque, dans tous ses personnages, ne soit pas autre chose qu'une variété de ce même besoin obsédant de fusion, mais poussé et cultivé sur un sol tout différent, dans la société parisienne, formaliste et raffinée, du faubourg Saint-Germain du début de ce siècle. En tout cas, l'œuvre de Proust nous montre déjà comment ces états (il faudrait dire ces mouvements) complexes et subtils dont il parvient, dans sa quête anxieuse, à capter, à travers tous ses héros, les infimes diaprures, sont ce qui subsiste dans cette œuvre de plus précieux et de plus solide, alors que les enveloppes, peut-être un peu trop épaisses, Swann, Odette, Oriane de Guermantes ou les Verdurin, prennent déjà le chemin de ce vaste musée Grévin où sont relégués, tôt ou tard, les « types » littéraires.

Mais, pour en revenir à Dostoïevski, ces mouvements, sur lesquels toute son attention et celle de tous ses héros et celle du lecteur se concentre, puisés dans un fond commun, et qui, telles des gouttelettes de mercure, tendent sans cesse, à travers les enveloppes qui les séparent, à se rejoindre et à se mêler dans la masse commune ; ces états baladeurs qui traversent toute son œuvre, passent d'un personnage à l'autre, se retrouvent chez tous, sont réfractés dans chacun suivant un indice différent, et nous présentent chaque fois une de leurs innombrables nuances encore inconnues, nous font pressentir quelque chose qui serait comme un nouvel unanimisme.

Entre cette œuvre, source toujours vive de recherches et de techniques nouvelles, lourde encore de tant de promesses, et celle de Kafka qu'on cherche aujourd'hui à lui opposer, le lien paraît évident. Si l'on envisageait la littérature comme une course de relais jamais interrompue, il semble bien que ce serait des mains de Dostoïevski, plus sûrement que de celles d'aucun autre, que Kafka aurait saisi le témoin.

Son K. dont le nom même se réduit à une simple initiale, n'est, on s'en souvient, que le plus mince des supports. Et le sentiment ou le faisceau de sentiments que rassemble et retient l'enveloppe légère, que sont-ils, sinon ce même désir passionné et anxieux, d' « établir un contact » qui traverse comme un fil conducteur toute l'œuvre de Dostoïevski ? Mais, tandis que

la quête des personnages de Dostoïevski les
conduit, au sein du monde le plus fraternel qui
soit, à rechercher une sorte d'interpénétration,
de fusion totale et toujours possible des âmes,
c'est vers un but à la fois plus modeste et plus
lointain que tendent tous les efforts des héros
de Kafka. Il s'agit pour eux de devenir seulement, « aux yeux de ces gens qui les regardent
avec tant de méfiance... non pas peut-être leur
ami, mais enfin leur concitoyen »... ou de
pouvoir comparaître et se justifier devant des
accusateurs inconnus et inaccessibles, ou de
chercher à sauvegarder, malgré tous les obstacles, avec ceux mêmes qui leur sont le plus
proches, quelques pauvres semblants de rapports.

Mais par son obstination désespérée, par la
profondeur de la souffrance humaine, par la
détresse et l'abandon total qu'elle révèle, cette
humble recherche déborde le plan psychologique et peut se prêter à toutes les interprétations
métaphysiques.

Cependant, ceux qui voudraient s'assurer
que les héros de Kafka n'ont rien à voir avec
ces personnages de roman que leurs auteurs,
par besoin de simplifier, par parti pris ou par
souci didactique, ont vidés de « toute pensée et

de toute vie subjective » et qu'on nous présente
comme « l'image même de la réalité humaine
lorsqu'on la dépouille de toutes les conventions
psychologiques », ceux-là n'auraient qu'à
relire les minutieuses et subtiles analyses auxquelles, dès que s'établit entre eux le plus léger
contact, se livrent, avec une lucidité passion-
née, les personnages de Kafka. Telles ces
dissections savantes de la conduite et des
sentiments de K. à l'égard de Frieda, opérées
au moyen du plus fin scalpel, tour à tour par
l'hôtelière, puis par Frieda, puis par K. lui-
même, et qui révèlent le jeu compliqué de
rouages délicats, un miroitement d'intentions,
d'impulsions, de calculs, d'impressions, de
pressentiments multiples et souvent contradictoires.

Mais ces moments de sincérité, ces états de
grâce, sont aussi rares que les contacts (amour
— si l'on peut appeler ainsi leurs étranges
rapports — de Frieda et de K. ou haine de
l'hôtelière pour K.) à la faveur desquels ils
peuvent se produire.

Si l'on voulait situer le point exact de
l'œuvre de Dostoïevski à partir duquel Kafka
aurait « pris le départ », on le trouverait sans
doute dans ces *Mémoires écrits dans un souterrain*

qui sont, nous l'avons vu, comme à l'ultime
limite, à l'extrême pointe de cette œuvre.

Le héros de ces *Mémoires* sait qu'il n'est plus,
pour « l'officier (qui le) prend par les épaules,
et sans une explication, sans un mot, le déplace
et passe comme s'(il) n'existait pas », rien
d'autre qu'un simple objet, ou, aux yeux de ce
Zverkov à « tête de bélier », qu'un « insecte
curieux » ; il se sent, tandis qu'il essaie de se
mêler à la foule et « se glisse de la façon la plus
odieuse entre les passants », « pareil à un
insecte » ; il « prend conscience très nettement
qu'il n'est au milieu d'eux qu'une « mouche »,
« une vilaine mouche ». Ce point extrême où,
pour un instant très court, il se trouve — car il
aura rapidement sa revanche, il trouvera facilement à portée de sa main des êtres humains
(telle cette Lise qu'il pourra aussitôt faire
souffrir et dont il pourra se faire tant aimer et
haïr) avec qui la plus étroite fusion sera
toujours possible — ce point extrême où il n'est
qu'un instant acculé, ce sera précisément,
grossi aux dimensions d'un interminable cau-
chemar, le monde sans issue où se débattront
les héros de Kafka.

On connaît cet univers où ne cesse de se
jouer un jeu de colin-maillard sinistre, où l'on

avance toujours dans la fausse direction, où les mains tendues « griffent le vide », où tout ce qu'on touche se dérobe, où celui qu'on agrippe un instant et qu'on tâte d'une main anxieuse se transforme tout à coup ou s'échappe, où les appels sont toujours trompeurs, où les questions ne reçoivent pas de réponse, où « les autres », ce sont ceux qui vous jettent dehors « sans mot dire, mais avec toute la force possible », car chez eux « l'hospitalité n'est pas d'usage », ils « n'ont pas besoin d'hôtes », ceux qui regardent sans bouger ou oublient par distraction de voir votre main que vous « tenez tendue, pensant toujours qu'ils vont la saisir », ceux qui, lorsqu'on leur demande « si on ne pourrait pas venir les voir (car) on se sent un peu seul », se contentent de jeter leur adresse à titre « de renseignement plutôt que d'invitation », ceux qui, si on leur dit qu'on va s'asseoir auprès d'eux, répondent : « je m'en irai » ; ceux qui, en votre présence, parlent de vous comme d'une chose et observent vos mouvements, « auxquels les chevaux mêmes réagissent, comme s'ils voyaient les allées et venues d'un chat » ; ceux qui, comme fit Klamm avec l'hôtelière, un beau jour, — et sans que des années et des années, toute une

vie de réflexion anxieuse, vous permettent
jamais de comprendre « pourquoi c'est
arrivé », — rompent avec vous tout rapport en
ne vous « faisant plus appeler et ne vous feront
jamais appeler » ; où « les autres », ce sont ces
êtres semi-humains, aux visages identiques,
dont les gestes infantiles et incompréhensibles
dissimulent, sous leur naïveté et leur désordre
apparents, une habileté maligne à la fois rusée
et obtuse ; ce sont ces hommes au sourire
énigmatique qui vous observent à distance
avec une curiosité sournoise et puérile, qui
vous regardent « sans se parler, chacun pour
soi, sans autre lien que la cible de leurs
regards », qui s'écartent docilement quand on
les chasse et reviennent aussitôt à leur place
avec une obstination mécanique et inerte de
poussahs ; un univers où, par-dessus tout, « les
autres », ceux vers qui on tend de toutes ses
forces, ce sont ces « messieurs » « lointains et
invisibles », investis de fonctions administra-
tives, minutieusement et strictement hiérar-
chisés, simples rouages s'échelonnant à l'infini
jusqu'à ce rouage central d'une organisation
mystérieuse, qui seul peut, pour des raisons
inconnues, vous accorder ou vous refuser le
droit d'exister, ces fonctionnaires, dont le plus

infime détient sur vous qui n'êtes rien, « qu'un sujet pitoyable, ombre... chétivement enfouie dans le plus lointain des lointains », un pouvoir infini.

Ces « messieurs » dont il est impossible de connaître même l'apparence, que vous pourrez vainement, toute votre vie durant, guetter sur leur passage, qui « ne vous parleront jamais et ne vous laisseront jamais paraître devant eux, quelque peine que vous vous donniez et quelque insistance que vous mettiez à les importuner », avec qui vous ne pouvez espérer créer une sorte de rapport qu'en « figurant sur un procès-verbal » qu'ils ne liront probablement jamais, mais qui, du moins, « sera classé dans leurs archives », n'ont, de leur côté, de vous qu'une connaissance distante, à la fois générale et précise, comme celle qui peut figurer sur les fichiers d'une administration pénitentiaire.

Ici, où des distances infinies comme les espaces interplanétaires séparent les êtres les uns des autres, où vous avez, à tout moment, « l'impression que l'on a coupé avec vous toute liaison », tous les points de repère disparaissent, le sens de l'orientation s'émousse, les mouvements peu à peu se dérèglent, les sentiments se désagrègent (ce qui subsiste encore de

l'amour n'est qu'une mêlée brutale dans
laquelle les amants, sous les yeux indifférents
des spectateurs, « s'acharnent l'un sur l'autre,
déçus, impuissants à s'aider », ou bien quelques gestes brusques et mécaniques, parodies
de caresses adressées à un partenaire anonyme,
comme celles que Leni prodigue à K. parce
qu'il est accusé et qu'à ses yeux tous les accusés
sont beaux), les paroles perdent leur sens
habituel et leur efficacité, les essais de justifica-
tion servent à prouver la culpabilité, l'appro-
bation est un piège, « pour induire un innocent
en tentation » ; « on interprète tout à faux » et
jusqu'à ses propres questions, on ne comprend
plus même ses propres conduites, « on ne sait
plus si on avait résisté ou si on avait cédé » ;
comme un homme qui n'a plus de miroir, on ne
connaît plus son propre visage, on est comme à
l'écart, à distance de soi-même, indifférent et
un peu hostile, un vide glacé, sans lumière et
sans ombre. Tous ces tentacules infimes qui à
chaque instant se tendent vers le partenaire
tout proche, se collent à lui, se décrochent, se
redressent, se détendent, se rencontrent, se
renouent, ici, tels des organes devenus inutiles,
s'atrophient et disparaissent ; les mouvements
subtils et précis, les approches savantes et les

reculs feints ne sont plus que les gigotements
désordonnés et aveugles, les sursauts mono-
tones de l'animal pris au piège ; cette malléabilité, cette suggestibilité, qui était une caresse
furtive et avide, est devenue une docilité de
chose inerte, une passivité désespérée devant
« un destin inévitable » ; la mort même, à
laquelle on se soumet sans résistance, parce
qu'on n'est plus déjà, depuis longtemps, que de
« la matière morte », a perdu son caractère de
tragédie unique ; l'assassinat n'est plus la
suprême étreinte, ni même la suprême rupture,
il n'est qu'une partie d'un rituel coutumier et
minutieusement réglé, légèrement écœurant et
un peu grotesque, exécuté par des « Messieurs » guindés, rasés de près, en redingote et
en chapeau haut de forme, aux gestes pleins
d'une courtoisie délicate et glacée, qui échangent longuement entre eux des « politesses
pour régler les questions de préséance », rituel
auquel la victime s'efforce de participer de son
mieux, jusqu'à ce qu'enfin, sous les yeux des
« messieurs qui, penchés tout près de son
visage, l'observent, joue contre joue », elle
meure égorgée : « comme un chien ! »

Avec cette divination propre à certains
génies, celle qui avait fait pressentir à Dos-

toïevski l'immense élan fraternel du peuple
russe et sa singulière destinée, Kafka qui était
juif et vivait dans l'ombre de la nation alle-
mande a préfiguré le sort prochain de son
peuple et pénétré ces traits qui furent ceux de
l'Allemagne hitlérienne et qui devaient ame-
ner les Nazis à concevoir et à réaliser une
expérience unique : celle des étoiles en sati-
nette jaune distribuées après remise de deux
points découpés dans la carte de textile ; celle
des fours crématoires sur lesquels de grands
panneaux-réclame indiquaient le nom et
l'adresse de la firme d'appareils sanitaires qui
en avait construit le modèle, et des chambres
à gaz où deux mille corps nus (les vêtements
avaient été au préalable, comme dans *le Procès*,
« soigneusement mis de côté et pliés ») se
tordaient sous l'œil de Messieurs bien sanglés,
bottés et décorés, venus en mission d'inspec-
tion, qui les observaient par un orifice vitré
dont ils s'approchaient tour à tour en respec-
tant les préséances et en échangeant des politesses.

Là, derrière ces limites extrêmes où Kafka
les a non pas suivis, mais où il a eu le courage
surhumain de les précéder, tout sentiment
disparaît, même le mépris et la haine, il ne

reste qu'une immense stupeur vide, un ne-pas-comprendre définitif et total.

On ne peut ni demeurer à ses côtés, ni essayer d'aller plus loin. Ceux qui vivent sur la terre des hommes ne peuvent que rebrousser chemin.

*Temps modernes*, octobre 1947.

*L'ère du soupçon*

Les critiques ont beau préférer, en bons pédagogues, faire semblant de ne rien remarquer, et par contre ne jamais manquer une occasion de proclamer sur le ton qui sied aux vérités premières que le roman, que je sache, est et restera toujours, avant tout, « une histoire où l'on voit agir et vivre des personnages », qu'un romancier n'est digne de ce nom que s'il est capable de « croire » à ses personnages, ce qui lui permet de les rendre « vivants » et de leur donner une « épaisseur romanesque » ; ils ont beau distribuer sans compter les éloges à ceux qui savent encore, comme Balzac ou Flaubert, « camper » un héros de roman et ajouter une « inoubliable figure » aux figures inoubliables dont ont peuplé notre univers tant de maîtres illustres ; ils ont beau faire miroiter devant les jeunes écri-

vains le mirage des récompenses exquises qui
attendent, dit-on, ceux dont la foi est la plus
vivace : ce moment bien connu de quelques
« vrais romanciers » où le personnage, tant la
croyance en lui de son auteur et l'intérêt qu'il
lui porte sont intenses, se met soudain, telles
les tables tournantes, animé par un fluide
mystérieux, à se mouvoir de son propre mouvement et à entraîner à sa suite son créateur ravi
qui n'a plus qu'à se laisser à son tour guider
par sa créature ; enfin les critiques ont beau
joindre aux promesses les menaces et avertir
les romanciers que, s'ils n'y prennent garde, le
cinéma, leur rival mieux armé, viendra ravir le
sceptre à leurs mains indignes — rien n'y fait.
Ni reproches ni encouragements ne parviennent à ranimer une foi languissante.

Et, selon toute apparence, non seulement le
romancier ne croit plus guère à ses personnages, mais le lecteur, de son côté, n'arrive
plus à y croire. Aussi voit-on le personnage de
roman, privé de ce double soutien, la foi en lui
du romancier et du lecteur, qui le faisait tenir
debout, solidement d'aplomb, portant sur ses
larges épaules tout le poids de l'histoire, vacil-
ler et se défaire.

Depuis les temps heureux d'*Eugénie Grandet*

où, parvenu au faîte de sa puissance, il trônait entre le lecteur et le romancier, objet de leur ferveur commune, tels les Saints des tableaux primitifs entre les donateurs, il n'a cessé de perdre successivement tous ses attributs et prérogatives.

Il était très richement pourvu, comblé de biens de toute sorte, entouré de soins minutieux ; rien ne lui manquait, depuis les boucles d'argent de sa culotte jusqu'à la loupe veinée au bout de son nez. Il a, peu à peu, tout perdu : ses ancêtres, sa maison soigneusement bâtie, bourrée de la cave au grenier d'objets de toute espèce, jusqu'aux plus menus colifichets, ses propriétés et ses titres de rente, ses vêtements, son corps, son visage, et, surtout, ce bien précieux entre tous, son caractère qui n'appartenait qu'à lui, et souvent jusqu'à son nom.

Aujourd'hui, un flot toujours grossissant nous inonde d'œuvres littéraires qui prétendent encore être des romans et où un être sans contours, indéfinissable, insaisissable et invisible, un « je » anonyme qui est tout et qui n'est rien et qui n'est le plus souvent qu'un reflet de l'auteur lui-même, a usurpé le rôle du héros principal et occupe la place d'honneur. Les personnages qui l'entourent, privés d'existence propre, ne sont plus que des visions, rêves, cauchemars, illusions, reflets, modalités ou dépendances de ce « je » tout-puissant.

Et l'on pourrait se rassurer en songeant que ce procédé est l'effet d'un égocentrisme propre à l'adolescence, d'une timidité ou d'une inexpérience de débutant, si cette maladie juvénile n'avait frappé précisément les œuvres les plus importantes de notre temps (depuis *A la Recherche du Temps perdu* et *Paludes* jusqu'au *Miracle de la Rose*, en passant par *Les Cahiers de Malte Laurids Brigge*, *Le Voyage au bout de la Nuit* et *La Nausée*), celles où leurs auteurs ont montré d'emblée tant de maîtrise et une si grande puissance d'attaque.

Ce que révèle, en effet, cette évolution actuelle du personnage de roman est tout à l'opposé d'une régression à un stade infantile.

Elle témoigne, à la fois chez l'auteur et chez le lecteur, d'un état d'esprit singulièrement sophistiqué. Non seulement ils se méfient du personnage de roman, mais, à travers lui, ils se méfient l'un de l'autre. Il était le terrain d'entente, la base solide d'où ils pouvaient d'un commun effort s'élancer vers des recherches et des découvertes nouvelles. Il est devenu le lieu de leur méfiance réciproque, le terrain dévasté où ils s'affrontent. Quand on examine sa situation actuelle, on est tenté de se dire qu'elle illustre à merveille le mot de Stendhal : « le génie du soupçon est venu au monde ». Nous sommes entrés dans l'ère du soupçon.

Et tout d'abord le lecteur, aujourd'hui, se méfie de ce que lui propose l'imagination de l'auteur. « Plus personne, se plaint M. Jacques Tournier, n'ose avouer qu'il invente. Le document seul importe, précis, daté, vérifié, authentique. L'œuvre d'imagination est bannie, parce qu'inventée... (Le public) a besoin pour croire à ce qu'on lui raconte, d'être sûr qu'on ne le « lui fait pas »... Plus rien ne compte que le petit fait vrai [1] »...

Seulement M. Tournier ne devrait pas se montrer si amer. Cette prédilection pour le « petit fait vrai », qu'au fond de son cœur chacun de nous éprouve, n'est pas l'indice d'un esprit timoré et rassis, toujours prêt à écraser sous le poids des « réalités solides » toute tentative audacieuse, toute velléité d'évasion. Bien au contraire, il faut rendre au lecteur cette justice, qu'il ne se fait jamais bien longtemps

---

1. *La Table ronde*, janvier 1948, p. 145.

tirer l'oreille pour suivre les auteurs sur des
pistes nouvelles. Il n'a jamais vraiment
rechigné devant l'effort. Quand il consentait à
examiner avec une attention minutieuse chaque détail du costume du père Grandet et
chaque objet de sa maison, à évaluer ses
peupliers et ses arpents de vigne et à surveiller
ses opérations de bourse, ce n'était pas par
goût des réalités solides, ni par besoin de se
blottir douillettement au sein d'un univers
connu, aux contours rassurants. Il savait bien
où l'on voulait le conduire. Et que ce n'était
pas vers la facilité.

Quelque chose d'insolite, de violent, se
cachait sous ces apparences familières. Tous
les gestes du personnage en retraçaient quelque aspect ; le plus insignifiant bibelot en
faisait miroiter une facette. C'était cela qu'il
s'agissait de mettre au jour, d'explorer jusqu'à
ses extrêmes limites, de fouiller dans tous ses
replis : une matière dense, toute neuve, qui
résistait à l'effort et attisait la passion de la
recherche. La conscience de cet effort et de la
validité de cette recherche justifiait l'outrecui-
dance avec laquelle l'auteur, sans craindre de
lasser la patience du lecteur, l'obligeait à ces
inspections fureteuses de ménagère, à ces cal-

culs de notaire, à ces estimations de commis-
saire-priseur. Elle justifiait la docilité du lecteur. C'était là, ils le savaient tous deux, que se
logeait ce qui était alors leur grande affaire. Là,
et nulle part ailleurs : aussi inséparable de
l'objet que l'était, dans un tableau de Chardin
la couleur jaune, du citron ou, sur une toile de
Véronèse, le bleu, du ciel. De même que la
couleur jaune *était* le citron et la couleur bleue
le ciel, et qu'ils ne pouvaient se concevoir l'un
sans l'autre, l'avarice *était* le père Grandet, elle
en constituait toute la substance, elle l'emplis-
sait jusqu'aux bords et elle recevait de lui, à
son tour, sa forme et sa vigueur.

Plus fortement charpenté, mieux construit,
plus richement orné était l'objet, plus riche et
nuancée était la matière.

Est-ce la faute du lecteur si elle a, depuis
lors, cette matière, acquis pour lui la molle
consistance et la fadeur des nourritures remâ-
chées, et l'objet où l'on voudrait aujourd'hui
l'enfermer, la plate apparence du trompe-
l'œil ?

La vie à laquelle, en fin de compte, tout en
art se ramène (cette « intensité de vie » qui,
« décidément, disait Gide, fait la valeur d'une
chose »), a abandonné des formes autrefois si

3

pleines de promesses, et s'est transportée ailleurs. Dans son mouvement incessant qui la
fait se déplacer toujours vers cette ligne mobile
où parvient à un moment donné la recherche et
où porte tout le poids de l'effort, elle a brisé les
cadres du vieux roman et rejeté, les uns après
les autres, les vieux accessoires inutiles. Les
loupes et les gilets rayés, les caractères et les
intrigues pourraient continuer à varier à
l'infini sans révéler aujourd'hui autre chose
qu'une réalité dont chacun connaît, pour
l'avoir parcourue en tous sens, la moindre
parcelle. Au lieu , comme au temps de Balzac,
d'inciter le lecteur à accéder à une vérité qui se
conquiert de haute lutte, ils sont une conces-
sion dangereuse à son penchant à la paresse —
et aussi à celui de l'auteur — à sa crainte du
dépaysement. Le coup d'œil le plus rapide jeté
autour de lui, le plus fugitif contact, révèlent
plus de choses au lecteur que toutes ces
apparences qui n'ont d'autre but que de vêtir
le personnage de vraisemblance. Il lui suffit de
puiser dans le stock immense que sa propre
expérience ne cesse de grossir pour suppléer à
ces fastidieuses descriptions.

   Quant au caractère, il sait bien qu'il n'est
pas autre chose que l'étiquette grossière dont

lui-même se sert, sans trop y croire, pour la
commodité pratique, pour régler, en très gros,
ses conduites. Et il se méfie des actions brutales
et spectaculaires qui façonnent à grandes cla-
ques sonores les caractères ; et aussi de l'intrigue qui, s'enroulant autour du personnage
comme une bandelette, lui donne, en même
temps qu'une apparence de cohésion et de vie,
la rigidité des momies.

Enfin, M. Tournier a raison : il se méfie de
tout. C'est qu'il a, depuis quelque temps,
appris à connaître trop de choses, et qu'il ne
parvient pas à oublier tout à fait ce qu'il a
appris.

Ce qu'il a appris, chacun le sait trop bien
pour qu'il soit utile d'insister. Il a connu Joyce,
Proust et Freud ; le ruissellement, que rien au-
dehors ne permet de déceler, du monologue
intérieur, le foisonnement infini de la vie
psychologique et les vastes régions encore à
peine défrichées de l'inconscient. Il a vu tomber les cloisons étanches qui séparaient les
personnages les uns des autres, et le héros de
roman devenir une limitation arbitraire, un
découpage conventionnel pratiqué sur la trame
commune que chacun contient tout entière et
qui capte et retient dans ses mailles innombra-

bles tout l'univers. Comme le chirurgien qui
fixe son regard sur l'endroit précis où doit
porter son effort, l'isolant du corps endormi, il
a été amené à concentrer toute son attention et
sa curiosité sur quelque état psychologique
nouveau, oubliant le personnage immobile qui
lui sert de support de hasard. Il a vu le temps
cesser d'être ce courant rapide qui poussait en
avant l'intrigue pour devenir une eau dor-
mante au fond de laquelle s'élaborent de lentes
et subtiles décompositions; il a vu nos actes
perdre leurs mobiles courants et leurs significa-
tions admises, des sentiments inconnus apparaître et les mieux connus changer d'aspect et
de nom.

Il a si bien et tant appris qu'il s'est mis à
douter que l'objet fabriqué que les romanciers
lui proposent puisse receler les richesses de
l'objet réel. Et puisque les auteurs qui prati-
quent la méthode objective prétendent qu'il est
vain de s'efforcer de reproduire l'infinie complexité de la vie, et que c'est au lecteur de se
servir de ses propres richesses et des instruments d'investigation qu'il possède pour arracher son mystère à l'objet fermé qu'ils lui
montrent, il préfère ne s'efforcer qu'à bon
escient et s'attaquer aux faits réels.

« Le petit fait vrai », en effet, possède sur l'histoire inventée d'incontestables avantages. Et tout d'abord celui d'être vrai. De là lui vient sa force de conviction et d'attaque, sa noble insouciance du ridicule et du mauvais goût, et cette audace tranquille, cette désinvolture qui lui permet de franchir les limites étriquées où le souci de la vraisemblance tient captifs les romanciers les plus hardis et de faire reculer très loin les frontières du réel. Il nous fait aborder à des régions inconnues où aucun écrivain n'aurait songé à s'aventurer, et nous mène d'un seul bond aux abîmes.

Quelle histoire inventée pourrait rivaliser avec celle de la séquestrée de Poitiers ou avec les récits des camps de concentration ou de la bataille de Stalingrad ? Et combien faudrait-il de romans, de personnages, de situations et d'intrigues pour fournir au lecteur une matière qui égalerait en richesse et en subtilité celle qu'offre à sa curiosité et à sa réflexion une monographie bien faite ?

C'est donc pour de très saines raisons que le lecteur préfère aujourd'hui le document vécu (ou du moins ce qui en a la rassurante apparence) au roman. Et la vogue récente du roman américain ne vient pas, comme on

pourrait le croire, démentir cette préférence.
Bien au contraire, elle la confirme. Cette
littérature — que le lecteur américain cultivé a
dédaignée, précisément pour les raisons que
nous venons d'indiquer, — en transportant le
lecteur français dans un univers étranger sur
lequel il n'avait aucune prise, endormait sa
méfiance, excitait en lui cette curiosité crédule
qu'éveillent les récits de voyages et lui donnait
l'impression délicieuse de s'évader dans un
monde inconnu. Maintenant qu'il s'est plus ou
moins assimilé ces nourritures exotiques — qui
se sont révélées comme étant, malgré leur
richesse et leur diversité apparentes, bien
moins fortifiantes qu'on ne croyait — le lecteur
français, à son tour, s'en détourne.

Tous ces sentiments du lecteur à l'égard du
roman, l'auteur, il va sans dire, les connaît
d'autant mieux que, lecteur lui-même, et souvent assez averti, il les éprouve.

Aussi, quand il songe à raconter une histoire
et qu'il se dit qu'il lui faudra, sous l'œil
narquois du lecteur, se résoudre à écrire : « La
marquise sortit à cinq heures », il hésite, le
cœur lui manque, non, décidément, il ne peut
pas.

Si, rassemblant son courage, il se décide à ne

pas rendre à la marquise les soins que la tradition exige et à ne parler que de ce qui, aujourd'hui, l'intéresse, il s'aperçoit que le ton impersonnel, si heureusement adapté aux besoins du vieux roman, ne convient pas pour rendre compte des états complexes et ténus qu'il cherche à découvrir. Ces états, en effet, sont comme ces phénomènes de la physique moderne, si délicats et infimes qu'un rayon de lumière ne peut les éclairer sans qu'il les trouble et les déforme. Aussi, dès que le romancier essaie de les décrire sans révéler sa présence, il lui semble entendre le lecteur, pareil à cet enfant à qui sa mère lisait pour la première fois une histoire, l'arrêter en demandant : « Qui dit ça ? »

Le récit à la première personne satisfait la curiosité légitime du lecteur et apaise le scrupule non moins légitime de l'auteur. En outre, il possède au moins une apparence d'expérience vécue, d'authenticité, qui tient le lecteur en respect et apaise sa méfiance.

Et puis, personne ne se laisse plus tout à fait égarer par ce procédé commode qui consiste pour le romancier à débiter parcimonieusement des parcelles de lui-même et à les vêtir de vraisemblance en les répartissant, forcément

un peu au petit bonheur (car si elles sont
prélevées sur une coupe pratiquée à une certaine profondeur, elles se retrouvent, identiques, chez tous) entre des personnages d'où, à
son tour, le lecteur, par un travail de décortica-
tion, les dégage pour les replacer, comme au
jeu de loto, dans les cases correspondantes
qu'il retrouve en lui-même.

Aujourd'hui chacun se doute bien, sans
qu'on ait besoin de le lui dire, que « la Bovary
— c'est moi ». Et puisque ce qui maintenant
importe c'est, bien plutôt que d'allonger indéfi-
niment la liste des types littéraires, de montrer
la coexistence de sentiments contradictoires et
de rendre, dans la mesure du possible, la
richesse et la complexité de la vie psychologique, l'écrivain, en toute honnêteté, parle de soi.

Mais il y a plus : si étrange que cela puisse
paraître, cet auteur que la perspicacité grandissante et la méfiance du lecteur intimident,
se méfie, de son côté, de plus en plus, du
lecteur.

Le lecteur, en effet, même le plus averti, dès
qu'on l'abandonne à lui-même, c'est plus fort
que lui, typifie.

Il le fait — comme d'ailleurs le romancier,
aussitôt qu'il se repose — sans même s'en

apercevoir, pour la commodité de la vie quotidienne, à la suite d'un long entraînement. Tel
le chien de Pavlov, à qui le tintement d'une
clochette fait sécréter de la salive, sur le plus
faible indice il fabrique des personnages.
Comme au jeu des « statues », tous ceux qu'il
touche se pétrifient. Ils vont grossir dans sa
mémoire la vaste collection de figurines de
cire que tout au long de ses journées il com-
plète à la hâte et que, depuis qu'il a l'âge de
lire, n'ont cessé d'enrichir d'innombrables
romans.

Or, nous l'avons vu, les personnages, tels
que les concevait le vieux roman (et tout le
vieil appareil qui servait à les mettre en
valeur), ne parviennent plus à contenir la
réalité psychologique actuelle. Au lieu, comme
autrefois, de la révéler, ils l'escamotent.

Aussi, par une évolution analogue à celle de
la peinture — bien qu'infiniment plus timide
et plus lente, coupée de longs arrêts et de
reculs — l'élément psychologique, comme
l'élément pictural, se libère insensiblement de
l'objet avec lequel il faisait corps. Il tend à se
suffire à lui-même et à se passer le plus
possible de support. C'est sur lui que tout
l'effort de recherche du romancier se concen-

tre, et sur lui que doit porter tout l'effort
d'attention du lecteur.

Il faut donc empêcher le lecteur de courir
deux lièvres à la fois, et puisque ce que les
personnages gagnent en vitalité facile et en
vraisemblance, les états psychologiques auxquels ils servent de support le perdent en vérité
profonde, il faut éviter qu'il disperse son attention et la laisse accaparer par les personnages,
et, pour cela, le priver le plus possible de tous
les indices dont, malgré lui, par un penchant
naturel, il s'empare pour fabriquer des trompe-
l'œil.

Voilà pourquoi le personnage n'est plus
aujourd'hui que l'ombre de lui-même. C'est à
contrecœur que le romancier lui accorde tout
ce qui peut le rendre trop facilement repéra-
ble : aspect physique, gestes, actions, sensations, sentiments courants, depuis longtemps
étudiés et connus, qui contribuent à lui donner
à si bon compte l'apparence de la vie et offrent
une prise si commode au lecteur[1]. Même le

---

1. « Pas une seule fois, s'écriait Proust, un de mes personnages ne ferme une fenêtre, ne se lave les mains, ne passe un
pardessus, ne dit une formule de présentation. S'il y avait même
quelque chose de nouveau dans ce livre, ce serait cela... » (*Lettre
à Robert Dreyfus*.)

nom dont il lui faut, de toute nécessité, l'affubler, est pour le romancier une gêne. Gide évite pour ses personnages les noms patronymiques qui risquent de les planter d'emblée solidement dans un univers trop semblable à celui du lecteur, et préfère les prénoms peu usuels. Le héros de Kafka n'a pour tout nom qu'une initiale, celle de Kafka lui-même. Joyce désigne par H.C.E., initiales aux interprétations multiples, le héros protéiforme de *Finnegans Wake*.

Et c'est bien mal rendre justice à l'audacieuse et très valable tentative de Faulkner, si révélatrice des préoccupations des romanciers actuels, que d'attribuer à un besoin pervers et enfantin de mystifier le lecteur le procédé employé par lui dans *Le Bruit et la Fureur* et qui consiste à donner le même prénom à deux personnages différents [1]. Ce prénom qu'il promène d'un personnage à l'autre sous l'œil agacé du lecteur, comme le morceau de sucre sous le nez du chien, force le lecteur à se tenir constamment sur le qui-vive. Au lieu de se laisser guider par les signes qu'offrent à sa paresse et à sa hâte les usages de la vie

---

1. Quentin est le prénom de l'oncle et de la nièce. Caddy, celui de la mère et de la fille.

quotidienne, il doit, pour identifier les personnages, les reconnaître aussitôt, comme l'auteur
lui-même, par le dedans, grâce à des indices
qui ne lui sont révélés que si, renonçant à ses
habitudes de confort, il plonge en eux aussi loin
que l'auteur et fait sienne sa vision.

Tout est là, en effet : reprendre au lecteur
son bien et l'attirer coûte que coûte sur le
terrain de l'auteur. Pour y parvenir, le procédé
qui consiste à désigner par un « je » le héros
principal constitue un moyen à la fois efficace
et facile, et, pour cette raison, sans doute, si
fréquemment employé.

Alors, le lecteur est d'un coup à l'intérieur, à
la place même où l'auteur se trouve, à une
profondeur où rien ne subsiste de ces points de
repère commodes à l'aide desquels il construit
les personnages. Il est plongé et maintenu
jusqu'au bout dans une matière anonyme
comme le sang, dans un magma sans nom,
sans contours S'il parvient à se diriger, c'est
grâce aux jalons que l'auteur a posés pour s'y
reconnaître. Nulle réminiscence de son monde
familier, nul souci conventionnel de cohésion
ou de vraisemblance, ne détourne son attention
ni ne freine son effort. Les seules limites
auxquelles, comme l'auteur, il se heurte, sont

celles qui sont inhérentes à toute recherche de cet ordre ou qui sont propres à la vision de l'auteur.

Quant aux personnages secondaires, ils sont privés de toute existence autonome et ne sont que des excroissances, modalités, expériences ou rêves de ce « je », auquel l'auteur s'identifie, et qui, en même temps, n'étant pas romancier, n'a pas à se préoccuper de créer un univers où le lecteur se sente trop à l'aise, ni de donner aux personnages ces proportions et dimensions obligatoires qui leur confèrent leur si dangereuse « ressemblance ». Son œil d'obsédé, de maniaque ou de visionnaire s'en empare à son gré ou les abandonne, les étire dans une seule direction, les comprime, les grossit, les aplatit ou les pulvérise pour les forcer à lui livrer la réalité nouvelle qu'il s'efforce de découvrir.

De même le peintre moderne — et l'on pourrait dire que tous les tableaux, depuis l'impressionnisme, sont peints à la première personne — arrache l'objet à l'univers du spectateur et le déforme pour en dégager l'élément pictural.

Ainsi, par un mouvement analogue à celui de la peinture, le roman que seul l'attachement obstiné à des techniques périmées fait passer

pour un art mineur, poursuit avec des moyens
qui ne sont qu'à lui une voie qui ne peut être
que la sienne; il laisse à d'autres arts — et
notamment au cinéma — ce qui ne lui appartient pas en propre. Comme la photographie
occupe et fait fructifier les terres qu'a délaissées
la peinture, le cinéma recueille et perfectionne
ce que lui abandonne le roman.

Le lecteur, au lieu de demander au roman ce
que tout bon roman lui a le plus souvent refusé,
d'être un délassement facile, peut satisfaire au
cinéma, sans effort et sans perte de temps
inutile, son goût des personnages « vivants » et
des histoires.

Cependant, il semble que le cinéma est
menacé à son tour. Le « soupçon » dont souffre
le roman, le gagne. Sinon, comment expliquer
cette inquiétude qu'à la suite des romanciers
certains metteurs en scène éprouvent, et qui les
pousse à faire des films à la première personne
en y introduisant l'œil d'un témoin ou la voix
d'un narrateur ?

Quant au roman, avant même d'avoir épuisé
tous les avantages que lui offre le récit à la
première personne et d'être parvenu au fond de
l'impasse où aboutit nécessairement toute
technique, il s'impatiente et cherche déjà, pour

échapper à ses difficultés actuelles, d'autres
issues.

Le soupçon, qui est en train de détruire le
personnage et tout l'appareil désuet qui assu-
rait sa puissance, est une de ces réactions
morbides par lesquelles un organisme se
défend et trouve un nouvel équilibre. Il force le
romancier à s'acquitter de ce qui est, dit Philip
Toynbee, rappelant l'enseignement de Flaubert, « son obligation la plus profonde : découvrir de la nouveauté », et l'empêche de com-
mettre « son crime le plus grave : répéter les
découvertes de ses prédécesseurs ».

*Temps modernes*, février 1950.

*Conversation*
*et sous-conversation*

Qui songerait aujourd'hui à prendre encore au sérieux ou seulement à lire les articles que Virginia Woolf, quelques années après l'autre guerre, écrivait sur l'art du roman? Leur confiance naïve, leur innocence d'un autre âge feraient sourire. « Il est difficile, écrivait-elle avec une enviable candeur, de ne pas tenir pour acquis que l'art actuel du roman est en progrès sur l'ancien... Les outils des classiques étaient frustes et leur matière était primitive. Leurs chefs-d'œuvre ont un air de simplicité. Quelles possibilités ne nous sont-elles pas offertes... » Et, plus naïvement encore : « Pour les modernes, ajoutait-elle avec fierté, l'intérêt se trouve dans les endroits obscurs de la psychologie. »

Sans doute, avait-elle quelques excuses : *Ulysse* venait de paraître. *A l'ombre des jeunes*

*filles en fleurs* allait recevoir le prix Goncourt.
Elle-même préparait *Mrs. Dalloway*. Elle manquait évidemment de recul.

Mais, pour la plupart d'entre nous, les
œuvres de Joyce et de Proust se dressent déjà
dans le lointain comme les témoins d'une
époque révolue. Le temps n'est pas éloigné où
l'on ne visitera plus que sous la conduite d'un
guide, parmi les groupes d'enfants des écoles,
dans un silence respectueux et avec une admiration un peu morne, ces monuments histori-
ques. Voilà quelques années déjà qu'on est
revenu des « endroits obscurs de la psychologie ». Ces pénombres où, il y a trente ans à
peine, on croyait voir scintiller des trésors, ne
nous ont livré que peu de chose. Il faut bien
reconnaître que l'exploration, si audacieuse et
si bien menée qu'elle ait pu être, poussée si loin
et avec de si grands moyens, a abouti, tout
compte fait, à une déception. Les plus impatients et les plus hardis d'entre les romanciers
n'ont pas été longs à déclarer que le jeu n'en
valait pas la chandelle et qu'ils préféraient
diriger ailleurs leurs efforts. Le mot « psychologie » est un de ceux qu'aucun auteur aujour-
d'hui ne peut entendre prononcer à son sujet
sans baisser les yeux et rougir. Quelque chose

d'un peu ridicule, de désuet, de cérébral, de
borné, pour ne pas dire de prétentieusement
sot, s'y attache. Les gens intelligents, les esprits
avancés à qui un auteur imprudent oserait
avouer — mais qui l'ose ? — son goût secret
pour les « endroits obscurs de la psychologie »
ne manqueraient pas de lui dire avec un
étonnement apitoyé : « Ah ! parce que vous
croyez encore à tout cela ?... » Depuis les
romans américains et les grandes vérités aveu-
glantes que n'a cessé de déverser sur nous la
littérature de l'absurde, y a-t-il encore beaucoup de gens qui y croient ? Joyce n'a tiré de
ces fonds obscurs qu'un déroulement ininterrompu de mots. Quant à Proust, il a eu beau
s'acharner à séparer en parcelles infimes la
matière impalpable qu'il a ramenée des tré-
fonds de ses personnages, dans l'espoir d'en
extraire je ne sais quelle substance anonyme
dont serait composée l'humanité tout entière, à
peine le lecteur referme-t-il son livre que par
un irrésistible mouvement d'attraction toutes
ces particules se collent les unes aux autres,
s'amalgament en un tout cohérent, aux
contours très précis, où l'œil exercé du lecteur
reconnaît aussitôt un riche homme du monde
amoureux d'une femme entretenue, un méde-

cin arrivé, gobeur et balourd, une bourgeoise
parvenue ou une grande dame snob qui vont
rejoindre dans son musée imaginaire toute une
vaste collection de personnages romanesques.

Que de peines pour parvenir aux résultats
qu'obtient, sans contorsions et sans coupages
de cheveux en quatre, disons Hemingway. Et
dès lors pourquoi s'inquiéter, s'il les emploie
avec un égal bonheur, qu'il se serve des outils
qui ont déjà si bien servi à Tolstoï.

Mais il s'agit bien de Tolstoï! Ce sont les
auteurs du XVII$^e$ et du XVIII$^e$ siècle qu'on nous
propose à tout moment pour modèles. Si
quelque entêté continue, à ses risques et périls,
à vouloir explorer à tâtons les « endroits obscurs », aussitôt on le renvoie à la *Princesse de
Clèves* et à *Adolphe*. Qu'il relise donc un peu les
classiques. Aurait-il la prétention de s'avancer
plus loin qu'eux dans les pénombres de l'âme,
et avec autant d'aisance et de grâce, et d'un
pas aussi vif et léger !

Aussi, dès qu'un auteur, renonçant à l'héritage que lui ont légué ceux que Virginia Woolf
appelait il y a trente ans les modernes, dédai-
gnant les libertés (les « facilités », dirait-il)
qu'ils ont conquises, parvient à capter quelques mouvements de l'âme dans ces lignes

pures, simples, élégantes et légères qui carac-
térisent le style classique, aussitôt on le porte
aux nues. Avec quel empressement, quelle
générosité, chacun s'évertue à découvrir un
foisonnement de sentiments inexprimables
derrière ses réticences et ses silences, à voir
de la pudeur et une force contenue dans la
prudence et l'abstinence que lui impose le
constant souci de ne pas laisser perdre sa
ligne à son style.

Cependant le malheureux obstiné qui,
insoucieux de l'indifférence ou de la réproba-
tion qui l'attendent, s'acharne à fouiller
encore les régions obscures dans l'espoir d'en
extraire quelques parcelles d'une matière
inconnue, ne trouve pas pour autant cette
paix de la conscience que devraient lui assurer son indépendance et son désintéresse-
ment.

Souvent, des doutes, des scrupules le tour-
mentent et ralentissent ses efforts. Car ces
ténèbres secrètes qui l'attirent, où peut-il les
trouver, les scruter, sinon en lui-même ou
chez les quelques personnes de son entourage
qu'il croit très bien connaître et auxquelles il
s'imagine ressembler? Et les mouvements
infimes et évanescents qui s'y dissimulent,

s'épanouissent de préférence dans l'immobilité et le repliement. Le fracas des actions qui s'accomplissent au grand jour les couvre ou les arrête.

Mais il sait bien, tandis que replié sur lui-même, macérant dans le liquide protecteur de son petit bocal bien clos, il se contemple et contemple ses semblables, qu'au-dehors des choses très importantes (peut-être, et il se le dit avec angoisse, les seules vraies choses importantes) se passent : des hommes probablement très différents de lui-même et de ses parents et amis, des hommes qui ont d'autres chats à fouetter que de se pencher sur leurs frémissements intimes, et chez qui d'ailleurs de grosses souffrances, de grandes et simples joies, de puissants besoins très visibles devraient, semble-t-il, écraser ces très subtils frémissements, des hommes à qui va sa sympathie et souvent son admiration, agissent et luttent, et il sait que pour être en accord avec sa conscience et répondre aux exigences de son temps, c'est d'eux et non de lui-même ou de ceux qui lui ressemblent qu'il lui faudrait s'occuper.

Mais si, s'arrachant à son bocal, il essaie de tourner son attention vers ces hommes et de les faire vivre dans ses livres, de nouvelles inquié-

tudes l'assaillent. Ses yeux, habitués aux
pénombres, sont éblouis par la lumière crue du
dehors. A force de n'examiner autour de lui
que des espaces minuscules, de fixer longtemps
un seul point, ils sont devenus comme des
lentilles grossissantes qui ne peuvent embras-
ser d'un seul coup de vastes étendues. Sa
longue macération dans son bocal lui a fait
perdre sa fraîcheur innocente. Il a vu combien
il était difficile, quand il examinait de tout près
quelque recoin minuscule de lui-même, de faire
l'inventaire de toutes les choses qui s'y trouvent : sans grande importance, il le sait bien,
décevantes le plus souvent, mais dont un
examen rapide et à distance ne lui aurait
jamais permis même de soupçonner l'existence. Aussi, ces hommes du dehors, il a
l'impression qu'il les voit mal. Leurs actes,
qu'il respecte et admire, lui paraissent être
comme des filets aux mailles très grosses : ils
laissent passer à travers leurs larges trous toute
cette matière trouble et grouillante dans
laquelle il s'est habitué, et il n'arrive plus à se
défaire de cette habitude, à chercher la substance vivante, pour lui la seule substance
vivante ; et ce qu'ils ramènent, il n'y voit
souvent pas autre chose, il faut bien qu'il se

l'avoue, que de grandes carcasses vides. Ces hommes qu'il voudrait tant connaître et faire connaître, quand il essaie de les montrer se mouvant dans la lumière aveuglante du grand jour, lui semblent n'être que de belles poupées, destinées à amuser les enfants.

D'ailleurs, s'il s'agit de montrer du dehors, vides de tous grouillements et frémissements secrets, des personnages, et de relater les actions et les événements qui composent leur histoire, ou de raconter à leur propos des histoires, comme on l'incite si souvent à le faire (n'est-ce pas là, lui répète-t-on, le don qui caractérise le mieux le véritable écrivain?), le cinéaste qui dispose de moyens d'expression bien mieux adaptés à ce but et bien plus puissants que les siens arrive, avec moins de fatigue et de perte de temps pour le spectateur, à le surpasser aisément. Et quant à évoquer d'une façon plausible les souffrances et les luttes des hommes, à faire connaître toutes les iniquités souvent monstrueuses et difficilement croyables qui se commettent, le journaliste possède sur lui l'immense avantage de pouvoir donner aux faits qu'il rapporte — si invraisemblables qu'ils puissent paraître — cet air d'authenti-

cité qui seul pourra forcer la conviction du
lecteur.

Force lui est donc, sans encouragements,
sans confiance, avec un sentiment souvent
pénible de culpabilité et d'ennui, de retourner
à lui-même. Mais là, tandis qu'après cette
évasion, le plus souvent imaginaire — il est
d'ordinaire bien trop méfiant et découragé
d'avance pour s'aventurer au-dehors — il s'est
replongé dans son bocal, on ferait de sa
situation une description trop poussée au som-
bre si l'on ne disait qu'il lui arrive de connaître,
à son propre étonnement et assez rarement il
est vrai, des moments de satisfaction et
d'espoir.

Il apprend un beau jour que même là-bas,
au-dehors, non pas dans ces régions obscures
et solitaires où il tâtonne et où s'était aventuré
autrefois le mince peloton des modernes, mais
dans les riches terres éternellement fertiles,
bien peuplées et cultivées avec soin, où la
tradition continue à s'épanouir au soleil, on a
fini par s'apercevoir qu'il se passe tout de
même quelque chose. Des romanciers qu'on ne
peut pourtant pas accuser de prétentions révolutionnaires sont forcés de constater certains
changements. Un des meilleurs romanciers

anglais actuels, Henry Green, fait observer que
le centre de gravité du roman se déplace : le
dialogue y occupe une place chaque jour plus
grande. « C'est aujourd'hui, écrit-il, le meilleur
moyen de fournir de la vie au lecteur. Ce sera,
va-t-il jusqu'à prédire, le support principal du
roman pour encore un long moment. »

Cette simple remarque, dans le silence qui
l'entoure, est pour notre obstiné le rameau
d'olivier. Elle lui fait aussitôt reprendre courage. Elle va même jusqu'à réveiller ses rêves
les plus fous. Sans doute l'explication que
donne de ce changement M. Henry Green
risque-t-elle de détruire tout ce que sa remarque contenait de promesses : c'est probablement, ajoute-t-il, que « de nos jours les gens
n'écrivent plus de lettres. On se sert aujour-
d'hui du téléphone ». Quoi d'étonnant si, à
leur tour, les héros de romans deviennent si
bavards...

Mais cette explication n'est décevante qu'en
apparence. Il ne faut pas oublier en effet que
M. Henry Green est anglais. On sait que la
pudeur incite souvent ses compatriotes à parler
sur ce ton de simplicité badine des choses
graves. Ou peut-être est-ce là une pointe
d'humour. Et peut-être aussi M. Henry Green,

après une constatation si audacieuse, a-t-il
éprouvé une certaine crainte : s'il poussait trop
loin ses investigations jusqu'où ne pourrait-il
pas se laisser entraîner ? N'arriverait-il pas à se
demander si ce seul indice qu'il relève n'est pas
le signe de bouleversements profonds qui pourraient remettre en question toute la structure
traditionnelle du roman. Ne finirait-il pas par
aller jusqu'à prétendre que les formes actuelles
du roman craquent de toutes parts, suscitant,
appelant des techniques neuves adaptées à de
nouvelles formes. Or les mots « nouvelles
formes », « techniques », sont plus immodestes
encore et plus gênants à prononcer que le mot
lui-même de « psychologie ». Ils vous font
aussitôt taxer de présomption, d'outrecui-
dance, et suscitent, tant chez les critiques que
chez les lecteurs, un sentiment de méfiance et
d'agacement. Il est donc plus décent et plus
prudent de se contenter de parler du téléphone.

Mais le romancier qui nous occupe ne peut,
quelle que soit sa crainte de paraître céder à
une exaltation de mauvais aloi, se contenter de
cette explication. Car c'est précisément surtout
quand il s'agit de faire parler ses personnages
qu'il lui semble que quelque chose est en train
de changer et qu'il lui paraît le plus difficile de

se servir des procédés jusqu'ici couramment employés. Il doit y avoir entre la constatation de M. Henry Green et ses propres impressions et ses répugnances autre chose qu'une simple coïncidence. Et dès lors voici que tout change : les troubles qu'il éprouve ne seraient pas, comme on le lui dit et comme il lui arrive dans ses moments de dépression de le penser, ceux de la sénilité, mais ceux de la croissance ; ses efforts le feraient avancer dans le sens d'un grand mouvement général. Et tous les arguments invoqués contre ceux que Virginia Woolf appelait les modernes se retourneraient à leur avantage.

On ne peut, répète-t-on, refaire ce qu'ils ont fait. Leurs techniques, aux mains de ceux qui essaient de s'en servir, tournent aussitôt au procédé ; le roman traditionnel, au contraire, conserve une jeunesse éternelle : ses formes généreuses et souples continuent, sans avoir besoin de subir de notables changements, à s'adapter à toutes les nouvelles histoires, à tous les nouveaux personnages et les nouveaux conflits qui s'élèvent au sein des sociétés qui se succèdent, et c'est dans la nouveauté de ces personnages et de ces conflits que résident le principal intérêt et le seul valable renouvellement du roman.

*on écrit des romans à la Stend. à la T.*

Et il est bien vrai qu'on ne peut refaire du Joyce ou du Proust, alors qu'on refait chaque jour à la satisfaction générale du Stendhal ou du Tolstoï. Mais n'est-ce pas d'abord parce que les modernes ont transporté ailleurs l'intérêt essentiel du roman? Il ne se trouve plus pour eux dans le dénombrement des situations et des caractères ou dans la peinture des mœurs, mais dans la mise au jour d'une matière psychologique nouvelle. C'est la découverte ne serait-ce que de quelques parcelles de cette matière, une matière anonyme qui se trouve chez tous les hommes et dans toutes les sociétés, qui constitue pour eux et pour leurs successeurs le véritable renouvellement. Retravailler derrière eux la même matière et se servir par conséquent, sans les modifier en rien, de leurs procédés, serait à peu près aussi absurde que, pour les partisans du roman traditionnel, de refaire avec les mêmes personnages, les mêmes intrigues et dans le même style *Le Rouge et le Noir* ou *Guerre et Paix*.

D'autre part, les techniques dont se servent aujourd'hui, avec des résultats parfois encore

admirables, les partisans de la tradition, inven-
tées autrefois par les romanciers pour explorer
la matière inconnue qui s'offrait à leurs regards
et parfaitement adaptées à ce but, ces techniques ont fini par constituer un système de
conventions et de croyances très solide, cohérent, bien construit et bien clos : un univers
ayant ses lois propres et qui se suffit à lui-
même. Par la force de l'habitude, par l'autorité
que lui ont conférée au cours des siècles les
grandes œuvres auxquelles il a donné naissance, il est devenu une seconde nature. Il a
pris un aspect nécessaire et éternel. Si bien
qu'aujourd'hui encore, ceux-mêmes, auteurs
ou lecteurs, qui ont été le plus troublés par tous
les bouleversements qui se sont produits depuis
quelque temps hors de son épaisse enceinte,
dès l'instant qu'ils y pénètrent, s'y laissent
docilement enfermer, s'y sentent très vite chez
eux, acceptent toutes ses limitations, se plient à
toutes ses contraintes et ne songent plus à s'en
évader.

Mais les modernes qui ont voulu s'arracher
à ce système et en arracher leurs lecteurs, en se
délivrant de ses contraintes ont perdu la pro-
tection et la sécurité qu'il offrait. Le lecteur,
privé de tous ses jalons habituels et de ses

points de repère, soustrait à toute autorité, mis
brusquement en présence d'une matière inconn-
nue, désemparé et méfiant, au lieu de s'abandonner les yeux fermés comme il aime tant à le
faire, a été obligé de confronter à tout moment
ce qu'on lui montrait avec ce qu'il voyait par
lui-même.

Il n'a pas dû peu s'étonner alors, soit dit en
passant, de l'opacité des conventions romanesques qui avaient réussi à masquer pendant si
longtemps ce qui aurait dû crever tous les
yeux. Mais ayant bien regardé et jugé en toute
indépendance, il n'a pas pu s'en tenir là. Les
modernes, en réveillant ses facultés de pénétration, ont réveillé du même coup ses exigences
et aiguisé sa curiosité.

Il a voulu regarder encore plus loin ou, si
l'on aime mieux, d'encore plus près. Et il n'a
pas été long à apercevoir ce qui se dissimule
derrière le monologue intérieur : un foisonnement innombrable de sensations, d'images, de
sentiments, de souvenirs, d'impulsions, de
petits actes larvés qu'aucun langage intérieur
n'exprime, qui se bousculent aux portes de la
conscience, s'assemblent en groupes compacts
et surgissent tout à coup, se défont aussitôt, se
combinent autrement et réapparaissent sous

une nouvelle forme, tandis que continue à se dérouler en nous, pareil au ruban qui s'échappe en crépitant de la fente d'un téléscripteur, le flot ininterrompu des mots.

Pour ce qui est de Proust, il est vrai que ce sont précisément ces groupes composés de sensations, d'images, de sentiments, de souvenirs qui, traversant ou côtoyant le mince rideau du monologue intérieur, se révèlent brusquement au-dehors dans une parole en apparence insignifiante, dans une simple intonation ou un regard, qu'il s'est attaché à étudier. Mais — si paradoxal que cela puisse sembler à ceux qui lui reprochent aujourd'hui encore son excessive minutie — il nous apparaît déjà qu'il les a observés d'une grande distance, après qu'ils ont eu accompli leur course, au repos, et comme figés dans le souvenir. Il a essayé de décrire leurs positions respectives comme s'ils étaient des astres dans un ciel immobile. Il les a considérés comme un enchaînement d'effets et de causes qu'il s'est efforcé d'expliquer. Il a rarement — pour ne pas dire jamais — essayé de les revivre et de les faire revivre au lecteur dans le présent, tandis qu'ils se forment et à mesure qu'il se développent comme autant de drames minuscules ayant chacun ses péripéties, son mystère et son imprévisible dénouement.

C'est cela sans doute qui a fait dire à Gide qu'il a amassé la matière première d'une œuvre plutôt qu'il n'a réalisé l'œuvre elle-même, et qui lui a valu le grand reproche, que lui font aujourd'hui encore ses adversaires, d'avoir fait de « l'analyse », c'est-à-dire d'avoir, dans les parties les plus neuves de son œuvre, incité le lecteur à faire fonctionner son intelligence au lieu de lui avoir donné la sensation de revivre une expérience, d'accomplir lui-même, sans trop savoir ce qu'il fait ni où il va, des actions — ce qui a toujours été et ce qui est encore le propre de toute œuvre romanesque.

Mais n'est-ce pas là reprocher à Christophe Colomb de n'avoir pas construit le port de New York ?

Ceux qui viennent après lui et qui veulent essayer de faire revivre au lecteur, à mesure qu'elles se déroulent, ces actions souterraines, rencontrent ici quelques difficultés. Car ces drames intérieurs faits d'attaques, de triomphes, de reculs, de défaites, de caresses, de morsures, de viols, de meurtres, d'abandons généreux ou d'humbles soumissions, ont tous ceci de commun, qu'ils ne peuvent se passer de partenaire.

Souvent c'est un partenaire imaginaire surgi de nos expériences passées ou de nos rêveries, et les combats ou les amours entre lui et nous, par la richesse de leurs péripéties, par la liberté avec laquelle ils se déploient et les révélations qu'ils apportent sur notre structure intérieure la moins apparente, peuvent constituer une très précieuse matière romanesque.

Il n'en reste pas moins que l'élément essentiel de ces drames est constitué par le partenaire réel.

C'est ce partenaire en chair et en os qui nourrit et renouvelle à chaque instant notre stock d'expériences. C'est lui le catalyseur par excellence, l'excitant grâce auquel ces mouvements se déclenchent, l'obstacle qui leur donne de la cohésion, qui les empêche de s'amollir dans la facilité et la gratuité ou de tourner en rond dans la pauvreté monotone de la manie. Il est la menace, le danger réel et aussi la proie qui développe leur vivacité et leur souplesse ; l'élément mystérieux dont les réactions imprévisibles, en les faisant repartir à tout instant et se développer vers une fin inconnue, accentuent leur caractère dramatique.

Mais, en même temps qu'afin de toucher ce partenaire, ils montent de nos recoins obscurs vers la lumière du jour, une crainte les refoule vers l'ombre. Ils font penser à ces petites bêtes grises qui se cachent dans les trous humides. Ils sont honteux et prudents. Le moindre regard les fait fuir. Ils ont besoin, pour s'épanouir, d'anonymat et d'impunité.

Aussi ne se montrent-ils guère au-dehors sous forme d'actes. Les actes, en effet, se déploient en terrain découvert et dans la lumière crue du grand jour. Les plus infimes d'entre eux, comparés à ces délicats et minuscules mouvements intérieurs, paraissent grossiers et violents : ils attirent aussitôt les regards. Toutes leurs formes sont depuis longtemps étudiées et classées ; ils sont soumis à une réglementation minutieuse, à un contrôle de chaque instant. Enfin de grands mobiles très évidents et connus, de grosses cordes bien visibles font marcher toute cette énorme et lourde machinerie [1].

1. Ce sont ces gros mobiles, ces vastes mouvements très apparents et eux seuls, que voient d'ordinaire les auteurs et les lecteurs, entraînés dans le mouvement de l'action et talonnés par l'intrigue, des romans behavioristes. Ils n'ont ni le temps ni le moyen — ne disposant d'aucun instrument d'investigation

Mais, à défaut d'actes, nous avons à notre disposition les paroles. Les paroles possèdent les qualités nécessaires pour capter, protéger et porter au-dehors ces mouvements souterrains à la fois impatients et craintifs.

Elles ont pour elles leur souplesse, leur liberté, la richesse chatoyante de leurs nuances, leur transparence ou leur opacité.

---

assez délicat — de voir avec exactitude les mouvements plus fugitifs et plus fins que ces grands mouvements pourraient dissimuler.

Aussi comprend-on la répugnance qu'éprouvent ces auteurs pour ce qu'ils nomment « l'analyse », qui consisterait pour eux à montrer ces grands mobiles bien visibles, à mâcher ainsi à leurs lecteurs une besogne déjà trop facile et à se donner à eux-mêmes l'impression désagréable d'enfoncer des portes ouvertes.

Il est curieux cependant d'observer comment, pour échapper à l'ennui de tourner dans le cercle étroit des actions habituelles où ils ne trouvent vraiment plus grand-chose à glaner, pris du désir propre à tout romancier de conduire leurs lecteurs vers des régions inconnues, hantés malgré tout par l'existence des « endroits obscurs », mais toujours fermement persuadés que l'acte seul les révèle, ils poussent leurs personnages à accomplir des actions insolites et monstrueuses que le lecteur alors, confortablement installé dans sa bonne conscience et ne retrouvant dans ces actes criminels rien de ce qu'il a appris à voir dans ses propres conduites, considère avec une curiosité orgueilleuse et horrifiée, puis écarte paisiblement pour retourner à ses moutons, comme il fait chaque matin et chaque soir après avoir lu les faits divers des journaux, sans que l'ombre épaisse qui baigne ses propres régions obscures en ait été un instant dissipée.

Leur flot rapide, abondant, miroitant et mouvant permet aux plus imprudentes d'entre elles de glisser, de se laisser entraîner et de disparaître au plus léger signe de danger. Mais elles ne courent guère de dangers. Leur réputation de gratuité, de légèreté, d'inconséquence — ne sont-elles pas l'instrument par excellence des passe-temps frivoles et des jeux — les protège des soupçons et des examens minutieux : nous nous contentons en général à leur égard d'un contrôle de pure forme ; elles sont soumises à une réglementation assez lâche ; elles entraînent rarement de graves sanctions.

Aussi, pourvu qu'elles présentent une apparence à peu près anodine et banale, elles peuvent être et elles sont souvent en effet, sans que personne y trouve à redire, sans que la victime elle-même ose clairement se l'avouer, l'arme quotidienne, insidieuse et très efficace, d'innombrables petits crimes.

Car rien n'égale la vitesse avec laquelle elles touchent l'interlocuteur au moment où il est le moins sur ses gardes, ne lui donnant souvent qu'une sensation de chatouillement désagréable ou de légère brûlure, la précision avec laquelle elles vont tout droit en lui aux points les plus secrets et les plus vulnérables, se logent dans ses replis les plus profonds, sans qu'il ait le désir ni le moyen ni le temps de riposter. Mais, déposées en lui, elles enflent, elles explosent, elles provoquent autour d'elles des ondes et des remous qui, à leur tour, montent, affleurent et se déploient au-dehors en paroles. Par ce jeu d'actions et de réactions qu'elles permettent, elles constituent pour le romancier le plus précieux des instruments.

Et voilà pourquoi sans doute, comme le constate Henry Green, les personnages de roman deviennent si bavards.

Mais ce dialogue qui tend de plus en plus à prendre dans le roman moderne la place que l'action abandonne, s'accommode mal des formes que lui impose le roman traditionnel. Car il est surtout la continuation au-dehors des mouvements souterrains : ces mouvements, l'auteur — et avec lui le lecteur — devrait les faire en même temps que le personnage, depuis le moment où ils se forment jusqu'au moment où, leur intensité croissante les faisant surgir à la surface, ils s'enrobent, pour toucher l'interlocuteur et se protéger contre les dangers du dehors, de la capsule protectrice des paroles.

Rien ne devrait donc rompre la continuité de ces mouvements, et la transformation qu'ils

subissent devrait être du même ordre que celle
que subit un rayon lumineux quand, passant
d'un milieu dans un autre, il est réfracté et
s'infléchit.

Dès lors, rien n'est moins justifié que ces
grands alinéas, ces tirets par lesquels on a
coutume de séparer brutalement le dialogue de
ce qui le précède. Même les deux points et les
guillemets sont encore trop apparents, et l'on
comprend que certains romanciers (Joyce Cary
notamment) s'efforcent de fondre, dans la
mesure du possible, le dialogue avec son
contexte en marquant simplement la séparation par une virgule suivie d'une majuscule.

Mais plus gênants encore et plus difficilement défendables que les alinéas, les tirets, les
deux points et les guillemets, sont les mono-
tones et gauches : dit Jeanne, répondit Paul,
qui parsèment habituellement le dialogue ; ils
deviennent de plus en plus pour les romanciers
actuels ce qu'étaient pour les peintres, juste
avant le cubisme, les règles de la perspective :
non plus une nécessité, mais une encombrante
convention.

Aussi est-il curieux de voir comment aujour-
d'hui ceux-mêmes des romanciers qui ne veulent pas se mettre — inutilement, pensent-ils

— martel en tête, et continuent à se servir avec
une heureuse assurance des procédés du vieux
roman, semblent ne pas pouvoir échapper sur
ce point précis à un certain sentiment de
malaise. On dirait qu'ils ont perdu cette certitude d'être dans leur bon droit, cette inconscience innocente qui donnaient aux : « dit,
reprit, répliqua, rétorqua, s'exclama, etc. »,
dont M$^{me}$ de La Fayette ou Balzac émaillaient
allégrement leurs dialogues, cet air d'être solidement à leur place, indispensables et allant
parfaitement de soi, qui nous les fait accepter
aussitôt sans sourciller, sans même nous en
rendre compte, quand nous relisons encore
aujourd'hui ces auteurs. Combien auprès
d'eux les romanciers actuels, au moment
d'employer ces mêmes formules, semblent self-
conscious, inquiets et peu sûrs d'eux.

Tantôt — comme les gens qui préfèrent
afficher et même accentuer leurs défauts pour
courir au-devant du danger et désarmer les
critiques — ils renoncent avec ostentation à ces
subterfuges (qui leur paraissent aujourd'hui
trop grossiers et trop faciles) dont se servaient
ingénument les vieux auteurs et qui consis-
taient à varier continuellement leurs formules,
et exhibent la monotonie et la gaucherie du

procédé en répétant inlassablement, avec une négligence ou une naïveté affectées : dit Jeanne, dit Paul, dit Jacques, ce qui n'a d'autre résultat que de fatiguer et d'agacer encore davantage le lecteur.

Tantôt ils essaient d'escamoter ce malencontreux « dit Jeanne », « répliqua Paul », en le faisant suivre à tout bout de champ des derniers mots répétés du dialogue : « Non, dit Jeanne, non » ou : « C'est fini, dit Paul, c'est fini. » Ce qui donne aux paroles des personnages un ton solennel et chargé d'émotion qui ne répond visiblement pas à l'intention de l'auteur. Tantôt encore, ils suppriment autant que possible cet appendice encombrant en introduisant à tout instant le dialogue par le plus factice encore, et qu'aucune nécessité interne, on le sent, n'exige : Jeanne sourit : « Je vous laisse le choix » ou : Madeleine le regarda : « C'est moi qui l'ai fait. »

Tous ces recours à de trop apparents subterfuges, ces attitudes embarrassées, sont pour les partisans des modernes d'un grand réconfort. Ils y voient des signes précurseurs, la preuve que quelque chose se défait, que s'infiltre insidieusement dans l'esprit des tenants du roman traditionnel un doute sur le bien-fondé de leurs droits, un scrupule à jouir de leur héritage, qui fait d'eux, sans qu'ils s'en rendent compte, comme des classes privilégiées avant les révolutions, les agents des bouleversements futurs.

Ce n'est en effet pas un hasard que ce soit au moment d'employer ces brèves formules, en apparence si anodines, qu'ils se sentent le plus mal à l'aise. C'est qu'elles sont en quelque sorte le symbole de l'ancien régime, le point où se séparent avec le plus de netteté la nouvelle et l'ancienne conception du roman. Elles marquent la place à laquelle le romancier a toujours situé ses personnages : en un point aussi éloigné de lui-même que des lecteurs ; à la place où se trouvent les joueurs d'un match de tennis, le romancier étant à celle de l'arbitre juché sur son siège, surveillant le jeu et annonçant les points aux spectateurs (en l'occurrence les lecteurs), installés sur les gradins.

Ni le romancier ni les lecteurs ne descendent de leur place pour jouer eux-mêmes le jeu comme s'ils étaient l'un ou l'autre des joueurs.

Et ceci demeure vrai quand le personnage s'exprime à la première personne, dès l'instant où il fait suivre ses propres paroles de : dis-je, m'écriai-je, répondis-je, etc. Il montre par là qu'il n'exécute pas lui-même et ne fait pas exécuter à ses lecteurs les mouvements intérieurs qui préparent le dialogue depuis le moment où ils prennent naissance jusqu'au moment où ils apparaissent au-dehors, mais que, se plaçant à distance de lui-même, il fait surgir ce dialogue devant un lecteur insuffisamment préparé qu'il est obligé d'avertir.

Placé ainsi au-dehors et à distance de ses personnages, le romancier peut adopter des procédés allant de celui des behavioristes à celui de Proust.

Il peut, comme les behavioristes, faire parler sans aucune préparation ses personnages, se tenant à une certaine distance, se bornant à paraître enregistrer leurs dialogues, et se donnant ainsi l'impression de les laisser vivre d'une « vie propre ».

Mais rien n'est plus trompeur que cette impression.

Car le petit appendice dont le romancier fait suivre leurs paroles, s'il montre que l'auteur lâche la bride à ses créatures, rappelle en même temps qu'il conserve toujours fermement les rênes en main. Ces : dit, reprit, etc. délicatement intercalés au milieu du dialogue ou le prolongeant harmonieusement, rappel-

lent discrètement que l'auteur est toujours là,
que ce dialogue de roman, malgré ses allures
indépendantes, ne peut, comme le fait le dialogue de théâtre, se passer de lui et se tenir en
l'air tout seul ; ils sont le lien léger mais solide
qui rattache et soumet le style et le ton des
personnages au style et au ton de l'auteur.

Quant aux fameuses implications et indications en creux que pensent obtenir en s'abste-
nant de toute explication les partisans de ce
système, il serait curieux de demander au plus
averti et au plus sensible des lecteurs de révéler
sincèrement ce qu'il perçoit, abandonné ainsi à
lui-même, sous les paroles des personnages.
Que devine-t-il de toutes ces actions minuscules qui sous-tendent et poussent en avant le
dialogue et lui donnent sa véritable signification ? Il est certain que la souplesse, la finesse,
la variété, l'abondance des paroles permet au
lecteur de pressentir derrière elles des mouvements plus nombreux, plus subtils et plus
secrets que ceux qu'il peut découvrir sous les
actes. On serait néanmoins surpris de la simplicité, de la grossièreté et de l'à-peu-près de
ses divinations.

Mais on aurait tort de s'en prendre au
lecteur.

Car, pour rendre ce dialogue bien « vivant » et plausible, ces romanciers lui donnent la forme conventionnelle qu'il a dans la vie courante : il rappelle trop alors au lecteur ceux qu'il a l'habitude d'enregistrer lui-même à la hâte, sans se poser beaucoup de questions, sans chercher, comme il dirait, midi à quatorze heures (il n'en a ni le temps ni les moyens, et c'est là précisément tout le travail de l'auteur), se contentant de ne percevoir derrière les paroles que ce qui lui permet de régler tant bien que mal ses propres conduites, évitant de s'attarder morbidement sur de vagues et douteuses impressions.

Bien plus, ce que le lecteur découvre sous ces dialogues romanesques — si lourds de sens secrets qu'ait pu les vouloir leur auteur — est peu de chose auprès de ce qu'il peut lui-même découvrir quand, participant au jeu, tous ses instincts de défense et d'attaque en éveil, excité et sur le qui-vive, il observe et écoute ses interlocuteurs.

C'est peu de chose surtout auprès de ce que révèle au spectateur le dialogue de théâtre.

Car le dialogue de théâtre, qui se passe de tuteurs, où l'auteur ne fait pas à tout moment sentir qu'il est là, prêt à donner un coup de main, ce dialogue qui doit se suffire à lui-même et sur lequel tout repose, est plus ramassé, plus dense, plus tendu et survolté que le dialogue romanesque : il mobilise davantage toutes les forces du spectateur.

Et surtout les acteurs sont là pour lui mâcher la besogne. Tout leur travail consiste justement à retrouver et à reproduire en eux-mêmes, au prix de grands et longs efforts, les mouvements intérieurs infimes et compliqués qui ont propulsé le dialogue, qui l'alourdissent, le gonflent et le tendent, et, par leurs gestes, leurs mimiques, leurs intonations, leurs silences, à communiquer ces mouvements aux spectateurs.

Les romanciers behavioristes, qui se servent abondamment de dialogues sertis de brèves indications ou de discrets commentaires, poussent dangereusement le roman sur le domaine du théâtre, où il ne peut que se trouver en état d'infériorité. Et, renonçant aux moyens dont seul le roman dispose, ils renoncent à ce qui fait de lui un art à part, pour ne pas dire un art tout court.

Reste alors la méthode opposée, celle de Proust : le recours à l'analyse. Elle a sur la précédente en tout cas cet avantage de maintenir le roman sur le terrain qui lui est propre et

de se servir de moyens que seul le roman peut
offrir ; et puis elle tend à apporter aux lecteurs
ce qu'ils sont en droit d'attendre du romancier : un accroissement de leur expérience non
pas en étendue (cela leur est donné à meilleur
compte et de façon plus efficace par le document et le reportage), mais en profondeur. Et
surtout elle ne conduit pas, sous le couvert de
soi-disant renouvellements, à se cramponner
au passé, mais s'ouvre largement sur l'avenir.

Pour ce qui est, en particulier, du dialogue,
Proust lui-même dont il n'est pas exagéré de
dire qu'il a plus qu'aucun autre romancier
excellé dans les descriptions très minutieuses,
précises, subtiles, au plus haut degré évoca-
trices, des jeux de physionomie, des regards,
des moindres intonations et inflexions de voix
de ses personnages, renseignant le lecteur,
presque aussi bien que pourrait le faire le jeu
des acteurs, sur la signification secrète de leurs
paroles, Proust ne se contente pour ainsi dire
jamais de simples descriptions et n'abandonne
que rarement le dialogue à la libre interpréta-
tion des lecteurs. Il ne le fait que lorsque le sens
apparent de leurs paroles recouvre exactement
leur sens caché. Qu'il y ait entre la conversation et la sous-conversation le plus léger déca-

lage, qu'elles ne se recouvrent pas tout à fait, et aussitôt il intervient, tantôt avant que le personnage parle, tantôt dès qu'il a parlé, pour montrer tout ce qu'il voit, expliquer tout ce qu'il sait, et il ne laisse au lecteur d'autre incertitude que celle qu'il est forcé d'avoir lui-même, malgré tous ses efforts, sa situation privilégiée, les puissants instruments d'investigation qu'il a créés.

Mais ces mouvements innombrables et minuscules qui préparent le dialogue sont pour Proust, à la place d'où il les observe, ce que sont, pour le cartographe qui étudie une région en la survolant, les vagues et les remous des cours d'eau ; il ne voit et ne reproduit que les grandes lignes immobiles que ces mouvements composent, les points où ces lignes se joignent, se croisent ou se séparent ; il reconnaît parmi elles celles qui sont déjà explorées et les désigne par leurs noms connus : jalousie, snobisme, crainte, modestie, etc. ; il décrit, classe et nomme celles qu'il a découvertes ; il cherche à dégager de ses observations des principes généraux. Sur cette vaste carte géographique, représentant des régions pour la plupart encore peu explorées, qu'il déploie devant ses lecteurs, ceux-ci, les yeux fixés sur la pointe de sa baguette avec toute l'attention dont ils sont capables, s'efforcent de bien voir, de bien retenir, de bien comprendre, et se sentent récompensés de leurs peines lorsqu'ils ont réussi à reconnaître et à suivre des yeux jusqu'au bout ces lignes souvent nombreuses et sinueuses, quand, pareilles à des fleuves qui se jettent dans la mer, elles se croisent, se séparent et se mêlent dans la masse du dialogue.

Mais en faisant appel à l'attention volontaire du lecteur, à sa mémoire, en s'adressant sans cesse à ses facultés de compréhension et de raisonnement, cette méthode renonce du même coup à tout ce sur quoi les behavioristes, avec un optimisme exagéré, fondent tous leurs espoirs : cette part de liberté, d'inexprimable, de mystère, ce contact direct et purement sensible avec les choses, qui doivent faire se déployer les forces instinctives du lecteur, les ressources de son inconscient et ses pouvoirs de divination.

S'il est certain que les résultats qu'obtiennent les behavioristes en faisant appel à ces forces aveugles — même dans celles de leurs œuvres où les implications sont le plus riches et les indications en creux le plus profondes — sont infiniment plus pauvres qu'ils ne veulent

le croire, il n'en demeure pas moins que ces
forces existent et qu'une des qualités de l'œuvre romanesque est de leur permettre, aussi, de
se déployer.

Cependant, malgré ces reproches assez
graves qu'on peut faire à l'analyse, il est
difficile de s'en détourner aujourd'hui sans
tourner le dos au progrès.

Ne vaut-il pas mieux essayer, en dépit de
tous les obstacles et de toutes les déceptions
possibles, de perfectionner pour l'adapter à de
nouvelles recherches un instrument qui, per-
fectionné à son tour par des hommes nouveaux, leur permettra de décrire de façon plus
convaincante, avec plus de vérité et de vie des
situations et des sentiments neufs, plutôt que
de s'accommoder de procédés faits pour saisir
ce qui n'est plus aujourd'hui que l'apparence,
et de tendre à fortifier toujours plus le penchant naturel de chacun pour le trompe-l'œil ?

Il est donc permis de rêver — sans se
dissimuler tout ce qui sépare ce rêve de sa
réalisation — d'une technique qui parviendrait
à plonger le lecteur dans le flot de ces drames
souterrains que Proust n'a eu le temps que de
survoler et dont il n'a observé et reproduit que
les grandes lignes immobiles : une technique

qui donnerait au lecteur l'illusion de refaire lui-même ces actions avec une conscience plus lucide, avec plus d'ordre, de netteté et de force qu'il ne peut le faire dans la vie, sans qu'elles perdent cette part d'indétermination, cette opacité et ce mystère qu'ont toujours ses actions pour celui qui les vit.

Le dialogue, qui ne serait pas autre chose que l'aboutissement ou parfois une des phases de ces drames, se délivrerait alors tout naturellement des conventions et des contraintes que rendaient indispensables les méthodes du roman traditionnel. C'est insensiblement, par un changement de rythme ou de forme, qui épouserait en l'accentuant sa propre sensation, que le lecteur reconnaîtrait que l'action est passée du dedans au-dehors.

Le dialogue, tout vibrant et gonflé par ces mouvements qui le propulsent et le sous-tendent, serait, quelle que soit sa banalité apparente, aussi révélateur que le dialogue de théâtre.

Il ne s'agit là, évidemment, que de recherches possibles et d'espoirs.

Cependant ces problèmes que le dialogue pose de façon chaque jour plus pressante à tous les romanciers, qu'ils veuillent ou non le reconnaître, ont été jusqu'à un certain point résolus, mais de manière très différente, par un écrivain anglais encore peu connu ici, Ivy Compton-Burnett.

La solution absolument originale, à la fois élégante et forte, qu'elle a su leur donner, suffirait pour lui faire mériter la place qui lui est attribuée depuis quelques années par la critique anglaise unanime et par une certaine partie du public anglais : celle d'un des plus grands romanciers que l'Angleterre ait jamais eus.

On ne peut qu'admirer le discernement d'une critique et d'un public qui ont su voir la nouveauté et l'importance d'une œuvre déconcertante à bien des égards.

Rien de moins actuel, en effet, que les milieux que décrit Ivy Compton-Burnett (la riche bourgeoisie et la petite noblesse anglaise entre les années 1880 et 1900), rien de plus limité que le cercle familial où se meuvent ses personnages, ni de plus désuet que les descriptions de leur aspect physique par lesquelles elle les présente, ni de plus surprenant que la désinvolture avec laquelle elle dénoue, suivant les procédés les plus conformistes, ses intrigues et l'opiniâtreté monotone avec laquelle, au long de quarante années de travail et à travers vingt ouvrages, elle pose et résout de façon identique les mêmes problèmes.

Mais ses livres ont ceci d'absolument neuf, c'est qu'ils ne sont qu'une longue suite de dialogues. L'auteur, là encore, les présente suivant la manière traditionnelle, se tenant à distance de ses personnages, à une grande distance cérémonieuse, se bornant le plus souvent, comme le font les behavioristes, à reproduire simplement leurs paroles et à renseigner tranquillement le lecteur, sans chercher à varier ses formules, au moyen du monotone : dit X., dit Y.

Mais ces dialogues sur lesquels tout repose n'ont rien de commun avec ces brefs colloques allègres et ressemblants qui, réduits à eux-mêmes ou accompagnés de quelques explications cursives, menacent de faire penser chaque jour davantage à ces petits nuages circonscrits d'un trait épais qui sortent de la bouche des personnages sur les dessins des comics.

Ces longues phrases guindées, à la fois rigides et sinueuses, ne rappellent aucune conversation entendue. Et pourtant, si elles paraissent étranges, elles ne donnent jamais une impression de fausseté ou de gratuité.

C'est qu'elles se situent non dans un lieu imaginaire, mais dans un lieu qui existe dans la réalité : quelque part sur cette limite fluctuante qui sépare la conversation de la sous-conversation. Les mouvements intérieurs, dont le dialogue n'est que l'aboutissement et pour ainsi dire l'extrême pointe, d'ordinaire prudemment mouchetée pour affleurer au-dehors, cherchent ici à se déployer dans le dialogue même. Pour résister à leur pression incessante et pour les contenir, la conversation se raidit, se guinde, prend cette allure précautionneuse et ralentie. Mais c'est sous leur pression qu'elle s'étire et se tord en longues phrases sinueuses. Un jeu serré, subtil, féroce, se joue entre la conversation et la sous-conversation.

Le plus souvent, le dedans l'emporte : à tout moment quelque chose affleure, s'étale, disparaît et revient, quelque chose est là qui menace à chaque instant de tout faire éclater. Le lecteur, sans cesse tendu, aux aguets, comme s'il était à la place de celui à qui les paroles s'adressent, mobilise tous ses instincts de défense, tous ses dons d'intuition, sa mémoire, ses facultés de jugement et de raisonnement : un danger se dissimule dans ces phrases douceâtres, des impulsions meurtrières s'insinuent dans l'inquiétude affectueuse, une expression de tendresse distille tout à coup un subtil venin.

Il arrive que la conversation ordinaire paraisse l'emporter, qu'elle refoule trop loin la sous-conversation. Alors parfois, au moment où le lecteur croit pouvoir enfin se détendre, l'auteur sort tout à coup de son mutisme et intervient pour l'avertir brièvement et sans explication que tout ce qui vient d'être dit était faux.

Mais le lecteur n'est que rarement tenté de se départir de sa vigilance. Il sait qu'ici chaque mot compte. Les dictons, les citations, les métaphores, les expressions toutes faites ou pompeuses ou pédantes, les platitudes, les vulgarités, les maniérismes, les coq-à-l'âne qui parsèment habilement ces dialogues ne sont pas, comme dans les romans ordinaires, des signes distinctifs que l'auteur épingle sur les caractères des personnages pour les rendre mieux reconnaissables, plus familiers et plus « vivants » : ils sont ici, on le sent, ce qu'ils sont dans la réalité : la résultante de mouvements montés des profondeurs, nombreux, emmêlés, que celui qui les perçoit au-dehors embrasse en un éclair et qu'il n'a ni le temps ni le moyen de séparer et de nommer.

Sans doute cette méthode se contente-t-elle
de faire soupçonner à chaque instant au lecteur
l'existence, la complexité et la variété des
mouvements intérieurs. Elle ne les fait pas
connaître comme pourraient y parvenir les
techniques qui plongeraient le lecteur dans
leur flot et le feraient naviguer parmi leurs
courants. Elle a du moins sur ces techniques
cette supériorité, d'avoir pu atteindre d'emblée
la perfection. Et par là elle a réussi à porter au
dialogue traditionnel le plus rude coup qu'il ait
subi jusqu'ici.

Il est évident que cette technique, comme
aussi toutes les autres, paraîtra un jour prochain ne pouvoir plus décrire que l'apparence.
Et rien n'est plus réconfortant et plus stimulant
que cette pensée. Ce sera le signe que tout est
pour le mieux, que la vie continue et qu'il faut
non pas revenir en arrière, mais s'efforcer
d'aller plus avant.

*.N.R.F., janvier, février 1956.*

*Ce que voient les oiseaux*

De tous les beaux sujets de méditation que nous offre l'attitude du public à l'égard des œuvres littéraires, et notamment du roman, certainement un des plus beaux est l'admiration, l'amour unanime et sans réserve de ce public, par ailleurs si divisé, si fluctuant, si capricieux, pour les chefs-d'œuvre consacrés. Il s'agit, cela va sans dire, non des lecteurs qui admirent de confiance, sur la foi des connaisseurs, mais de ceux à qui ces œuvres paraissent être si familières qu'on est bien obligé de croire qu'ils trouvent à les fréquenter un réel plaisir.

On sait quelles belles qualités il est convenu de penser que ce plaisir suppose chez ceux qui l'éprouvent. Il faudrait s'émerveiller. Et pourtant, on hésite. Les admirateurs de ces ouvrages en parlent souvent d'une façon si étrange... On est déconcerté par ces détails sans importance dont ils paraissent avoir été surtout frappés, qu'ils semblent avoir surtout retenus : des futilités qu'ils pourraient trouver aussi bien dans des œuvres dénuées de toute valeur littéraire — tels que particularités physiques, tics, traits de caractère de certains personnages, anecdotes, usages mondains, conseils pratiques, recettes pour réussir, règles de conduites, etc. — qui font un peu penser à cette réflexion que Rilke rapporte avoir entendue devant un portrait de la femme de Cézanne : « Comment a-t-il pu épouser un pareil laideron ? » ou à cette autre devant une toile de Van Gogh : « Pauvre homme, on voit bien qu'il vient d'être saisi. »

Mais, à y réfléchir, des remarques de cette sorte n'ont rien de bien inquiétant. Elles devraient plutôt rassurer. Ce ne sont peut-être là que ces manières familières et quelque peu désinvoltes qui révèlent une grande intimité. Cette façon de mettre en valeur des détails sans importance laisse peut-être entendre qu'on tient pour acquis et trop bien connu ce qui fait le véritable intérêt de ces ouvrages. Ou peut-être est-ce par un sentiment de pudeur qu'on évite de parler de ce qui tient trop au cœur ; ou bien il y a là une pointe de snobisme, le besoin

— comme chez ce personnage de *Babbitt* qui disait aimer surtout Rome pour ces délicieuses fettucine qu'on peut trouver dans une petite trattoria de la Via della Scrofa — de se montrer averti et blasé.

Il n'y a rien là, en tout cas, de bien grave, rien qui vaille la peine qu'on rompe par des intrusions indiscrètes le secret du tête-à-tête éminemment respectable des chefs-d'œuvre de la littérature avec leurs lecteurs ; et l'on s'empresserait de jeter sur cette union, si digne de tous les encouragements, le voile tissé de pudeur, de confiance et de respect, dont on a coutume de recouvrir les unions légitimes, s'il ne se produisait de temps à autre quelque chose de vraiment troublant.

Il arrive de temps en temps qu'une sorte de vertige, explicable chez des gens occupés à tant lire, prenne les plus écoutés des critiques : ils se mettent tout à coup à crier au chef-d'œuvre, à porter aux nues un ouvrage dénué de toute valeur littéraire, comme le prouvera, quelque temps après, l'indifférence, puis l'oubli où sa faiblesse ne manquera pas de le faire glisser.

Alors, à leur suite, un véritable raz de marée soulève le public et le porte au sommet de l'admiration et de l'enthousiasme.

On est stupéfait de voir avec quelle avidité, tous les interdits étant levés, les amateurs les plus fidèles et les plus enthousiastes des chefs-d'œuvre de la littérature, ceux qui se montrent d'ordinaire, en présence d'une œuvre nouvelle, si fermés, si sévères, si délicats, dévorent ces ouvrages comme s'ils étaient la plus succulente des nourritures. Plus succulente même, avouent-ils (et pourquoi se cacheraient-ils d'un goût que les critiques les plus respectés ont partagé ?) que celles que leur offrent les grandes œuvres du passé. Ici aucune accommodation n'est nécessaire ; on entre sans effort, on se trouve aussitôt de plain-pied ; les personnages nous ressemblent ou ressemblent aux gens que nous connaissons ou bien à ce que nous pensons que doivent être ceux de nos contemporains que nous aimerions connaître ; leurs sentiments, leurs idées, leurs conflits, les situations où ils se trouvent, les problèmes qu'ils ont à résoudre, leurs espoirs et leurs désespoirs sont les nôtres. On se sent dans leur vie comme un poisson dans l'eau. En vain quelques esprits sophistiqués, quelques inadaptés montrent-ils une certaine réticence. C'est le manque d'art, disent-ils, de façon aussi vague que prétentieuse, qui les gêne. Ou peut-être la faiblesse du style. On les rabroue aussitôt ; ils s'attirent la désapprobation générale, ils suscitent autour d'eux la méfiance et l'hostilité. Ils se font traiter de partisans de l'art pour l'art. Accuser de formalisme. Et il faut dire qu'ils ne l'ont pas volé. A-t-on idée de prêter si maladroitement le flanc aux sarcasmes, de toucher à des questions aussi graves avec tant de gaucherie et de légèreté ?

Mais quelques mois, le plus souvent quelques années passent, et l'on assiste à ce fait étonnant : non seulement les nouveaux lecteurs de ces romans, mais leurs plus grands admirateurs eux-mêmes, quand par malchance ils commettent l'imprudence de les rouvrir, éprouvent à leur contact la même sensation pénible que devaient éprouver les oiseaux qui tentaient de picorer les fameux raisins de Zeuxis. Ce qu'ils voient n'est plus qu'un trompe-l'œil. Une plate et inerte copie. Les personnages ressemblent à des mannequins de cire, fabriqués selon les procédés les plus faciles et les plus conventionnels. Il est clair que ces livres ne peuvent même pas servir, tels certains romans du passé, de documents sur leur époque, tant on a peine à croire que ces schémas enfantins, ces poupées, imitant la plus gros-

sière apparence, que sont leurs héros, aient
jamais pu éprouver les sentiments, affronter les
conflits, avoir à résoudre les problèmes qu'é-
prouvaient, affrontaient, avaient à résoudre les
hommes vivants de leur temps.

Qu'est-il donc arrivé ? Et comment expliquer une pareille métamorphose ?

Il convient d'observer tout d'abord que les
auteurs des ouvrages qui nous occupent ne
sont pas dénués de talent. Ils possèdent incon-
testablement ce qu'il est convenu d'appeler des
dons de romancier. Ils savent non seulement
inventer une intrigue, développer une action,
créer ce qu'on appelle une « atmosphère »,
mais encore, et surtout, ils savent saisir et
rendre la ressemblance. Chaque geste de leurs
personnages, la façon dont ils lissent leurs
cheveux, rectifient le pli de leur pantalon,
allument une cigarette ou commandent un
café-crème, et aussi les propos qu'ils tiennent,
les sentiments qu'ils éprouvent, les idées qui les
traversent, donnent à tout moment au lecteur
l'impression réconfortante et délicieuse de
reconnaître ce qu'il a pu ou aurait pu lui-même
observer. On peut même dire que la grande
chance de ces romanciers, le secret de leur
bonheur, et de celui de leurs lecteurs, réside en

ceci, qu'ils viennent établir tout naturellement
leur poste d'observation juste à cet endroit
précis où le place aussi le lecteur. Ni au-deçà,
là où se trouvent les auteurs et les lecteurs des
romans-feuilletons, ni au-delà, dans ces
pénombres secrètes, dans ce bouillonnement
confus où nos actes et nos paroles s'élaborent,
non, juste là où nous avons l'habitude de nous
placer nous-mêmes, quand nous voulons rendre compte assez clairement à nous-mêmes ou
aux autres de nos sentiments ou de nos impressions. Et même, à en juger par les conversations des gens les plus avertis en matière de
psychologie, dès qu'ils se mettent à échanger
des confidences ou des médisances, à se décrire
ou à décrire leur prochain, ces romanciers sont
plutôt au-delà, juste un peu plus en profondeur.

Grâce à cette position heureuse, ils mettent
leurs lecteurs en confiance ; ils leur donnent
l'impression d'être chez soi, parmi des objets
familiers. Un sentiment de sympathie, de soli-
darité et aussi de reconnaissance les unit à ce
romancier si semblable à eux-mêmes, qui sait
comprendre si bien ce qu'eux-mêmes éprouvent, mais qui, en même temps, un peu plus
lucide qu'eux, plus attentif, plus expérimenté,

leur révèle sur eux-mêmes et sur les autres un peu plus que ce qu'ils croient connaître et les conduit, juste assez excités par un très léger effort, mais jamais fatigués ou découragés par un effort excessif, jamais ralentis ou arrêtés dans leur marche, vers ce à quoi ils aspirent quand ils se mettent à lire un roman : un secours dans leur solitude, une description de leur situation, des révélations sur les côtés secrets de la vie des autres, des conseils pleins de sagesse, des solutions justes aux conflits dont ils souffrent, un élargissement de leur expérience, l'impression de vivre d'autres vies.

Ces besoins paraissent si naturels et le contentement que procure leur satisfaction est si fort qu'on comprend l'impatience que provoquent, chez ces lecteurs, au moment où ils se sentent le plus comblés, les trouble-fête qui viennent leur parler d' « art » ou de « style ». Que leur importe, à ces lecteurs, que ces ouvrages ne soient pas destinés à durer ? Si, le jour où avec l'aide de ces livres, les difficultés avec lesquelles ils sont aux prises seront surmontées, où leur situation sera transformée, où leurs sentiments auront changé et leur curiosité sera excitée par de nouveaux modes de vie, l'intérêt pour ces ouvrages doit tomber et disparaître l'excitation qu'ils provoquent, il n'y a là rien à redire, on aurait tort de le regretter. Quel besoin y a-t-il de stocker pour un avenir inconnu des œuvres en apparence inusables ? Il s'agit de toute urgence d'apporter une aide efficace aux hommes de son temps. Qu'un livre s'use après avoir servi, voilà qui est naturel et sain. On le jette et on le remplace.

Et cette opinion serait d'une si évidente sagesse que personne ne songerait à la contester, s'il n'y avait précisément ce seul point très troublant : cette impression pénible, dès que tombe l'excitation que procuraient ces ouvrages, que ce qu'ils décrivaient n'était pas la réalité. Ou plutôt que ce n'était qu'une réalité de surface, rien que la plus plate et la plus banale apparence. Plus banale et plus sommaire encore, contrairement à ce qui avait semblé d'abord, que celle que nous percevons nous-mêmes, si pressés et distraits que nous soyons.

On sait combien, dans notre hâte, dans la nécessité où nous sommes, à chaque instant, d'aller au plus pressé, de nous guider d'après les plus grossières apparences, nous pouvons être ignorants et crédules. Il suffit de se rappeler quelle révélation a été pour nous le

monologue intérieur ; la méfiance avec laquelle
nous avons considéré et considérons parfois
encore les efforts de Henry James ou de Proust
pour démonter les rouages délicats de nos
mécanismes intérieurs ; avec quel empressement nous acceptons de croire que telle grille
— comme la psychanalyse — posée sur cette
immense masse mouvante qu'on nomme notre
« for intérieur », où l'on peut trouver tout ce
qu'on veut, la recouvre tout entière et rend
compte de tous ses mouvements ; et avec quelle
satisfaction, quel sentiment de délivrance nous
nous sommes laissés convaincre, et sommes
restés, pour la plupart d'entre nous, convain-
cus, que ce « for intérieur », tout récemment
encore si fertile en découvertes, n'existait pas,
n'était rien : du vide, du vent.

Mais ce qui nous fait perdre tout jugement et
porte notre crédulité à son comble, c'est ce
besoin qui nous pousse à chercher dans les
romans ces satisfactions dont nous avons déjà
parlé et qu'il faut bien qualifier d'extra-littéraires, puisque aussi bien des ouvrages dénués
de valeur littéraire que des œuvres ayant
atteint le plus haut degré de perfection peuvent
nous les donner.

Alors, notre suggestibilité, notre malléabilité

déjà si grandes deviennent vraiment éton-
nantes : dans l'impatience où nous sommes
d'éprouver ces jouissances qui nous sont si
généreusement offertes dans ces livres, nous
cherchons à nous reconnaître dans les images
les plus grossières, nous nous faisons inconsis-
tants à souhait pour pouvoir nous couler
aisément dans les moules tout préparés qu'on
nous tend ; nous devenons à nos propres yeux
si exsangues et si vides que, si étriquées que
soient ces formes, il nous semble qu'elles nous
contiennent tout entiers. Mais il n'est pas
jusqu'aux papiers tout imprimés que distri-
buent les diseuses de bonne aventure où nous
n'ayons miraculeusement l'impression de nous
reconnaître, dès l'instant où nous effleure le
vague espoir d'y trouver un réconfort et d'y lire
notre avenir !

Aussi, un roman qui parvient à satisfaire
cette passion dangereuse devient-il pour nous à
bon compte l'image même de la vie, une œuvre
du plus puissant réalisme. Nous le comparons
aux meilleurs classiques, aux ouvrages les plus
accomplis.

Ici les pires soupçons se confirment. Pour
qu'une pareille confusion soit possible, il faut
donc que ce soient des satisfactions de cette

sorte que demandent aux œuvres de qualité leurs admirateurs. Il est permis de penser que la plupart des lecteurs de Proust l'ont aimé et l'aiment encore pour des raisons qui ont peu de chose à voir avec ce qui fait sa valeur et ne sont pas très différentes de celles pour lesquelles leurs parents ou leurs grands-parents aimaient Georges Ohnet.

C'est même, on en vient à le croire, ce qui a le plus vieilli dans les bons ouvrages, ce qui a été le plus imité, et, de ce fait, est devenu le plus couramment admis, paraît aller de soi, qui justement les rapproche, aux yeux de leurs admirateurs, des faux bons romans. Comme ceux-ci, ils ne dressent plus d'obstacles, n'exigent plus guère d'efforts, et permettent aux lecteurs, confortablement installés dans un univers familier, de se laisser glisser mollement vers de dangereuses délices.

Cependant les bons livres sauvent les lecteurs malgré eux. Ces livres, en effet, présentent avec les autres cette différence qu'on aurait bien tort de considérer comme négligeable : ils supportent d'être relus.

Et il ne faudrait pas croire que ce qui sépare les auteurs de ces deux sortes d'ouvrages, c'est surtout une différence de talent. A y bien

regarder, c'est plutôt une différence radicale
d'attitude envers l'objet sur lequel doivent
porter tous leurs efforts, et, en conséquence,
une totale différence de méthode. Si bien qu'on
devrait ranger dans la même catégorie, dès
qu'ils montrent la même attitude et adoptent
les mêmes méthodes de travail, à côté des
auteurs anciens dont les livres sont relus,
même des auteurs actuels, quel que soit leur
talent (le talent se trouvant réparti à peu près
également dans les deux catégories) et si
grande que puisse être l'incertitude sur le sort
que l'avenir réserve à leurs livres.

S'il fallait désigner tous ceux-ci par un nom,
c'est le nom de « réalistes » qu'il faudrait leur
donner, pour les opposer aux autres, auxquels
s'applique très exactement, si paradoxal et
même scandaleux que cela puisse leur paraître,
le nom de « formalistes ».

Mais, dira-t-on, qu'appelez-vous donc un
auteur réaliste ? Eh bien, tout bonnement — et
que cela pourrait-il être d'autre ? — un auteur
qui s'attache avant tout — quel que soit son
désir d'amuser ses contemporains ou de les
réformer, ou de les instruire, ou de lutter pour
leur émancipation — à saisir, en s'efforçant de
tricher le moins possible et de ne rien rogner ni

aplatir pour venir à bout des contradictions et des complexités, à scruter, avec toute la sincérité dont il est capable, aussi loin que le lui permet l'acuité de son regard, ce qui lui apparaît comme étant la réalité.

Pour y parvenir, il s'acharne à débarrasser ce qu'il observe de toute la gangue d'idées préconçues et d'images toutes faites qui l'enveloppent, de toute cette réalité de surface que tout le monde perçoit sans effort et dont chacun se sert, faute de mieux, et il arrive parfois à atteindre quelque chose d'encore inconnu qu'il lui semble être le premier à voir. Il s'aperçoit souvent, quand il cherche à mettre au jour cette parcelle de réalité qui est la sienne, que les méthodes de ses prédécesseurs, créées par eux pour leurs propres fins, ne peuvent plus lui servir. Il les rejette alors sans hésiter et s'efforce d'en trouver de nouvelles, destinées à son propre usage. Peu lui importe qu'elles déconcertent ou irritent d'abord les lecteurs.

Si grande et si sincère est sa passion pour cette réalité qu'il ne recule pour elle devant aucun sacrifice. Il accepte le plus grand de tous ceux qu'un écrivain puisse être amené à consentir : la solitude et les moments de doute

et de détresse qu'elle comporte (et que révèlent, chez quelques-uns des meilleurs, des
exclamations comme celles-ci : « Je serai compris en 1880 » ou : « Je gagnerai mon procès en
appel », où il est injuste de voir je ne sais quel
rêve enfantin de conquête posthume et de
gloire, alors qu'elles montrent chez ces écrivains le besoin de se donner du courage, de
fortifier leur certitude, de se persuader que ce
qu'ils étaient à peu près seuls à voir était vrai,
et non un mirage ou, comme il arrivait à
Cézanne de le penser, l'effet de quelque défaut
de la vue).

Le style (dont l'harmonie et la beauté apparente est à chaque instant pour les écrivains
une tentation si dangereuse), n'est pour lui
qu'un instrument ne pouvant avoir d'autre
valeur que celle de servir à extraire et à serrer
d'aussi près que possible la parcelle de réalité
qu'il veut mettre au jour. Tout désir de faire du
beau style pour le plaisir d'en faire, pour se
donner et pour donner aux lecteurs des jouissances esthétiques, est pour lui proprement
inconcevable, le style, à ses yeux, ne pouvant
être beau qu'à la façon dont est beau le geste de
l'athlète : d'autant plus beau qu'il est mieux
adapté à sa fin. Sa beauté, faite de vigueur, de

précision, de vivacité, de souplesse, de hardiesse et d'économie des moyens, n'est que
l'expression de son efficacité.

Cette réalité à laquelle tous ces écrivains se
sont attachés avec une passion si exclusive et si
sincère, quand il est arrivé à certains d'entre
eux de la saisir, que ce soit sous son aspect
métaphysique ou poétique ou psychologique
ou social ou — c'était parfois là leur chance, il
faudrait plutôt dire leur récompense — sous
tous ces aspects à la fois, rien ne parvient plus à
la détruire ni seulement à la dégrader. A
travers des idées souvent périmées, des sentiments trop connus ou désuets, des personnages
plus frustes que ceux que, depuis, nous avons
appris à connaître, une intrigue dont ni les
péripéties ni le dénouement n'ont plus rien
d'imprévu, sous le lourd appareil que ces
romanciers ont dû construire pour la capter et
où elle nous paraît aujourd'hui emprisonnée,
nous la sentons comme un noyau dur qui
donne sa cohésion et sa force au roman tout
entier, comme un foyer de chaleur qui irradie à
travers toutes ses parties, quelque chose que
chacun reconnaît, mais qu'on ne sait désigner
autrement que par des termes imprécis, tels
que : « la vérité » ou « la vie ». C'est à cette

réalité-là que nous revenons toujours, malgré
nos trahisons et nos égarements passagers,
prouvant par là qu'en fin de compte c'est à elle
que nous aussi nous tenons par-dessus tout.

Il en va tout autrement des formalistes et de
leurs ouvrages. Et c'est bien à eux que convient
ce nom de formalistes, quoiqu'ils ne
l'emploient, le plus souvent qu'avec dérision
pour l'appliquer aux écrivains de l'autre camp,
se réservant, si étrange que puisse paraître une
pareille inconscience, celui de « réalistes ».

Il est bien clair pourtant que la réalité n'est
pas leur principale affaire. Mais la forme,
toujours, celle que d'autres ont inventée et
dont une force magnétique les empêche de
jamais pouvoir s'arracher. Tantôt cette forme
est celle, aux lignes harmonieuses et pures, où
les écrivains dits « classiques » enserraient si
étroitement l'objet fait d'un seul bloc de cette
matière dense et lourde sur lequel ils concen-
traient leurs efforts. Peu importe à ces formalistes que cet objet, ayant été désintégré en
particules innombrables, ne soit plus qu'une
immense masse fluctuante qui ne se laisse plus
enfermer entre ces sobres contours. C'est la
simplicité élégante de la forme classique qu'a-
vant tout ils s'efforcent d'atteindre, quand bien

même cette forme qu'ils fabriquent ne serait
plus aujourd'hui qu'une mince coquille vide
qui craquera à la plus légère pression.

Tantôt, abandonnant l'harmonie et la sobre
élégance, ils adoptent une forme dont la carac-
téristique essentielle est qu'elle tend à faire
« ressemblant ». Elle y parvient sans difficulté,
étant ainsi faite qu'elle ne peut plus guère
aujourd'hui saisir et cerner quoi que ce soit
d'encore mal connu, d'insolite, et donc, au
premier abord, d'invraisemblable et de décon-
certant. Il n'en était pas ainsi autrefois, au
temps où elle a été inventée pour révéler ce qui
était encore inconnu et caché. Mais, depuis
lors, ce qui est inconnu et caché s'étant déplacé
et se trouvant hors de son atteinte, elle s'est
vidée de son contenu vivant et ne fait plus
guère que recouvrir d'assez grossières et sché-
matiques apparences : silhouettes de personnages typifiés, simplifiés à l'excès, sentiments
convenus, actions conduites moins en accord
avec une expérience sincère qu'avec la convention romanesque que cette forme impose, dialogues qui rappellent moins ceux que nous
pourrions entendre, si nous écoutions très
attentivement et d'une oreille non prévenue ce
que nous disons nous-mêmes et ce qui se dit

autour de nous, que ceux qu'échangent d'ordinaire les personnages de ces sortes de romans.

Seule une longue habitude, devenue pour
nous une seconde nature, notre soumission à
toutes les conventions généralement admises,
notre distraction continuelle et notre hâte, et,
par-dessus tout, cette avidité qui nous pousse à
dévorer les appétissantes nourritures que ces
romans nous offrent, nous font accepter de
nous laisser prendre aux surfaces trompeuses
que cette forme fait miroiter devant nous.

Quand on voit l'emprise que ces formalistes
parviennent à exercer aujourd'hui sur le
roman, on ne peut s'empêcher de donner
raison à ceux qui affirment que le roman est le
plus désavantagé de tous les arts.

Il est difficile, en effet, d'imaginer que les
romanciers puissent se permettre quoi que ce
soit de comparable à l'évasion qu'ont tentée les
peintres, quand ceux-ci ont fait sauter d'un
seul coup tout le vieux système de conventions
— qui servait moins à révéler, comme autrefois, qu'à masquer ce qui était à leurs yeux le
véritable objet pictural, — supprimant le sujet
et la perspective et arrachant le spectateur aux
apparences familières où il avait l'habitude de
trouver des satisfactions avec lesquelles la

peinture n'avait plus grand-chose à voir. Il est
vrai que cette évasion n'a été que de courte
durée. Les nouveaux formalistes, imitateurs de
ces peintres, eurent vite fait de transformer ces
formes vivantes en formes mortes, et les spectateurs d'y retrouver, au lieu des joies faciles que
leur procuraient les sujets ressemblants de la
vieille peinture, celle que donne la vue d'agréa-
bles motifs décoratifs.

Mais comment le romancier pourrait-il se
délivrer du sujet, des personnages et de l'intrigue ? Il aurait beau essayer d'isoler la parcelle
de réalité qu'il s'efforcerait de saisir, il ne
pourrait qu'elle ne soit intégrée à quelque
personnage, dont l'œil bien accommodé du
lecteur reconstituerait aussitôt la silhouette
familière aux lignes simples et précises, que ce
lecteur affublerait d'un « caractère », où il
retrouverait un de ces types dont il est si friand,
et qui accaparerait par son aspect bien ressemblant et « vivant » la plus grande part de son
attention. Et ce personnage, quelque effort que
le romancier puisse faire pour le maintenir
immobile, afin de pouvoir concentrer son
attention et celle du lecteur sur des frémissements à peine perceptibles où il lui semble que
s'est réfugiée aujourd'hui la réalité qu'il vou-

drait dévoiler, il n'arrivera pas à l'empêcher de
bouger juste assez pour que le lecteur trouve
dans ses mouvements une intrigue dont il
suivra avec curiosité les péripéties et attendra
avec impatience le dénouement.

Ainsi, quoi que fasse le romancier, il ne peut
détourner l'attention du lecteur de toutes
sortes d'objets que n'importe quel roman, qu'il
soit bon ou mauvais, peut lui fournir.

Bien des critiques, d'ailleurs, encouragent,
en s'y laissant aller eux-mêmes, cette distraction et cette légèreté des lecteurs, et entretien-
nent la confusion.

Il est étonnant de voir avec quelle complai-
sance ils s'appesantissent sur l'anecdote,
racontent « l'histoire », discutent les « caractères » dont ils évaluent la vraisemblance et
examinent la moralité. Mais c'est en ce qui
concerne le style que leur attitude est le plus
étrange. Si le roman est écrit dans un style qui
rappelle celui des classiques, il est bien rare
qu'ils n'attribuent à la matière que ce style
recouvre, si indigente soit-elle, les qualités
d'*Adolphe* ou de *La Princesse de Clèves*. Si, au
contraire, un de ces romans aux personnages si
ressemblants et aux intrigues si passionnantes,
se trouve être écrit dans un style plat et lâché,

ils parlent de ce défaut avec indulgence,
comme d'une imperfection regrettable, sans
doute, mais sans grande importance, qui ne
peut choquer que les délicats, qui n'entame en
rien la valeur véritable de l'œuvre : quelque
chose d'aussi superficiel, d'aussi insignifiant
qu'une petite verrue ou un simple bouton sur
un beau et noble visage. Alors que c'est plutôt
le bouton révélateur qui apparaît sur le corps
du pestiféré, la peste n'étant ici rien d'autre
qu'une attitude peu sincère et peu loyale
envers la réalité.

Mais la confusion est portée à son comble
quand, s'appuyant précisément sur cette ten-
dance du roman à être un art toujours plus
retardataire que les autres, moins capable de se
dégager des formes périmées, vidées de tout
contenu vivant, on veut en faire une arme de
combat, destinée à servir la révolution ou à
maintenir et à perfectionner les conquêtes
révolutionnaires.

Alors on aboutit à des résultats étranges qui
constituent, non seulement pour le roman — ce
qui ne serait, après tout, pas si grave, et on
pourrait, s'il le fallait, s'y résigner — mais pour
la révolution à faire et pour les masses qu'elle
doit libérer, ainsi que pour la sauvegarde des

conquêtes d'une révolution déjà accomplie, une assez inquiétante menace : en effet, les satisfactions que nous avons nommées extra-littéraires, conseils, exemples, éducation morale et sociale, etc. qu'il est dans la nature du roman de dispenser si généreusement à ses lecteurs, devenant la raison d'être essentielle du roman, il se produit un renversement de toutes les valeurs : tout ce qui asservit le roman à une forme académique et figée est précisément ce dont on se sert pour faire du roman une arme révolutionnaire : des personnages comme des poupées de cire, aussi « ressemblants » que possible, si « vivants » qu'au premier coup d'œil le lecteur devrait avoir envie de les toucher du doigt pour voir s'ils vont ciller, comme on a envie de le faire aux poupées du musée Grévin — voilà ce qu'il faut pour que les lecteurs se sentent à l'aise, pour qu'ils puissent sans difficulté s'identifier à eux et revivre ainsi avec eux leur situation, leurs souffrances et leurs conflits.

Mais des « types » encore plus grossièrement bâtis, les schémas les plus simples, le héros positif et irréprochable et le traître, feront même mieux l'affaire, étant pour ces masses, dont ces romanciers sous-estiment la

sensibilité et la lucidité, des miroirs à alouettes
magnifiques ou de très efficaces épouvantails.
Une intrigue alertement menée selon les règles
du vieux roman fera pirouetter ces poupées et
créera cette excitation facile qui soutient si bien
l'attention fragile du lecteur. Et le style, sorte
de style de digest, identique dans tous ces
ouvrages, puisqu'il ne sert jamais à révéler une
réalité neuve en faisant craquer le vernis
d'apparences convenues qui la recouvre, mais
coule mollement sans rencontrer d'obstacle,
enduisant des surfaces lisses, eh bien, ce style
ne sera jamais trop banal, trop simple, trop
coulant, puisque ce sont là des qualités qui
peuvent rendre l'œuvre accessible aux grandes
masses et leur faciliter l'ingurgitation de ces
nourritures substantielles qu'on se fait un
devoir de leur offrir.

Ainsi, au nom d'impératifs moraux, on
aboutit à cette immoralité que constitue en
littérature une attitude négligente, confor-
miste, peu sincère ou peu loyale à l'égard de la
réalité.

En présentant aux lecteurs une réalité pipée
et tronquée, une pauvre et plate apparence où,
le premier instant d'excitation et d'espoir
passé, ils ne retrouvent rien de ce qui constitue

véritablement leur vie ni des vraies difficultés avec lesquelles ils sont aux prises ni des véritables conflits qu'ils ont à affronter, on éveille en eux la désaffection et la méfiance, on les décourage dans leurs efforts pour trouver dans la littérature cette satisfaction essentielle qu'elle seule peut leur donner : une connaissance plus approfondie, plus complexe, plus lucide, plus juste que celle qu'ils peuvent avoir par eux-mêmes de ce qu'ils sont, de ce qu'est leur condition et leur vie.

Il est arrivé et il arrive que des écrivains découvrent, dans une expérience sincère et vivante dont les racines pénètrent loin dans ce fonds inconscient d'où jaillit tout effort créateur, en faisant éclater les vieilles formes sclérosées, cet aspect de la réalité qui peut servir directement et efficacement à la propagation et à la victoire des idées révolutionnaires. Mais il peut arriver aussi (même dans une société qui s'efforcerait d'être la plus juste et la mieux conçue pour assurer le développement harmonieux de tous ses membres — cela, on peut l'affirmer comme une certitude, sans aucun risque de se tromper), il peut arriver que des individus isolés, inadaptés, solitaires, morbidement accrochés à leur enfance et repliés sur eux-mêmes, cultivant un goût plus ou moins conscient pour une certaine forme d'échec, parviennent, en s'abandonnant à une obsession en apparence inutile, à arracher et à mettre au jour une parcelle de réalité encore inconnue.

Leurs œuvres, qui cherchent à se dégager de tout ce qui est imposé, conventionnel et mort, pour se tourner vers ce qui est libre, sincère et vivant, seront forcément tôt ou tard des levains d'émancipation et de progrès.

On conçoit qu'il ait pu paraître et qu'il paraisse encore prématuré de permettre à des masses, qui avaient été maintenues pendant des siècles dans l'ignorance, d'accéder trop rapidement à une connaissance plus approfondie de la complexité et des contradictions de leur vie : cela risquerait de les détourner d'un travail de construction dont dépend leur existence et qui doit concentrer sur lui toute leur attention et exiger tous leurs efforts.

Cependant, l'indifférence, la désaffection grandissante, non seulement de leurs élites, mais des masses elles-mêmes pour des œuvres littéraires sans vitalité, fabriquées suivant les vieux procédés d'un formalisme sclérosé, et le goût de ces masses pour les grandes œuvres du passé qui leur ont été révélées, prouvent que le moment n'est pas loin où l'on devra non seulement laisser travailler sans les décourager ces individus inadaptés et ces solitaires, mais encore les pousser à s'abandonner à leur manie.

*Janvier 1956.*

# DU MÊME AUTEUR

*Impression Bussière à Saint-Amand (Cher),*
*le 16 juin 1987.*
*Dépôt légal : juin 1987.*
*Numéro d'imprimeur : 1432.*

ISBN 2-07-032450-8. / Imprimé en France.